― 法華講員の基礎知識 ―

信心の原点

下

― 目 次 ―

凡例

一、本書は、平成三年に東中国布教区より発刊された『信心の原点』を加筆・訂正して『妙教』（平成二十三年九月号から同二十五年十二月号まで）に掲載したものを再構成し、全四章とした上で、後二章を収録したものである。

一、本文中に用いた文献の略称は次の通り。

御書 ── 平成新編日蓮大聖人御書（大石寺版）
法華経 ── 新編妙法蓮華経並開結（大石寺版）
聖典 ── 日蓮正宗聖典
御書文段 ── 日寛上人御書文段（大石寺版）
歴全 ── 日蓮正宗歴代法主全書
富要 ── 富士宗学要集
文句会本 ── 法華文句記会本（富士学林版）

第3章

法華講の源流

一、熱原法難

ここでは、法華講の源流である日蓮大聖人御在世の信徒達が命懸けの信仰を貫いた、熱原法難について学びます。

熱原法難とは

熱原法難は、大聖人御在世の弘安《こうあん》二（一二七九）年、駿河国《するがのくに》富士郡下方荘《しもかたのしょう》熱原郷（現静岡県富士市）に起こった法難です。これは、法華講の源流である当時の信徒達が不惜身命《ふしゃくしんみょう》の信仰を貫いた法難であり、大聖人は、その赤誠《せきせい》を機縁として出世の本懐たる本門戒壇の大御本尊を御図顕されました。

日興上人の入門と常随給仕

富士山を東北に眺《なが》める、駿河国富士川の下流に開けた地域は、権力者であった北条氏の所領であり、そこには四十九院《しじゅうくいん》・実相寺《じっそうじ》・滝泉寺《りゅうせんじ》等の寺院がありました。この地域にある熱原周辺は、第二祖日興上人縁《ゆかり》の地であり、上人の母方の実家・由比《ゆい》家も、近くの上方荘《かみかたのしょう》にありました。

日興上人は、御尊父・大井橘六《きつろく》を早くに失い、幼年時代を由比家で過ごしたのち、修学のために近くの四十九院に上られ、その後、実相寺に移って本格的な仏教の研鑽《けんざん》

甲斐・駿河周辺略図

を始められました。この時、日興上人は『立正安国論』御述作の準備のために実相寺を訪れられた日蓮大聖人にお会いし、大聖人の御尊容・御高徳に深く感じ入り、入門を願って弟子となられたのです。正嘉《しょうか》二（一二五八）年、日興上人十三歳の時のことでした。

こののち、大聖人は、伊豆・佐渡への配流《はいる》や竜口《たつのくち》法難等、身命《しんみょう》に及ぶ法難が絶えず襲いかかる日々を送られました。日興上人は、常に大聖人のおそばにあって常随給仕を尽くされ、そのお給仕のなかで、我が師匠・日蓮大聖人こそ、末法の御本仏であらせられる、との確信を深められたのです。

日興上人の富士弘教

文永十一（一二七四）年春、佐渡に赦免《しゃめん》状が届き、鎌倉に戻られた大聖人は、平左衛門尉頼綱《へいのさえもんのじょうよりつな》と対面して再び国主諫暁《かんぎょう》をなされました（第三国諫《こっかん》）。しかし、これも幕府の聞き入れるところとはならず、隠棲を決意された大聖人は、日興上人の勧めにより、身延（現山梨県身延町）に入山されたのです。

これを機に、日興上人は甲斐・駿河・伊豆方面に往復して折伏弘教に努められ、その教化によって、大寺院の住僧をはじめとして多くの人々が法華経に帰伏《きぶく》改宗しました。

当時、実相寺・四十九院のような大寺院では、幕府の寺院管理により官僧の天下《あまくだ》りの院主《いんじゅ》が多くなり、そのような院主の怠慢《たいまん》によって正常な寺務行政がなされず、綱紀は乱れ、堂宇も荒廃していました。

このような状況のところに、日興上人が大聖人の教えを弘通されたのですから、心ある寺僧が次々と法華経に帰依したのも当然のことでした。

建治元（一二七五）年には、滝泉寺住僧の下野《しもつけ》房日秀師・越後《えちご》房日弁師・少輔《しょう》房日禅師・三河房頼円師等が法華経に帰依し、日興上人の弟子となりました。さらに、これらの僧侶達によって、寺域内の農民や付近の住民にまで折伏は進み、妙法の唱えは日を増すごとに盛んになっていきました。

しかし、大寺院の院主や院主代、それに連なる謗法の住僧や信徒達は、そのような法華講衆の勢いを快《こころよ》く思わず、悪意をもって迫害・弾圧を加えたのです。

行智の弾圧と三烈士の入信

滝泉寺では、院主代の行智《ぎょうち》という入道が法華講衆を弾圧する中心的人物であり、法華経の信仰者を憎み、政所《まんどころ》の役人と結託して熱原の法華講衆を一掃しようと企んでいました。行智は、平左近《へいのさこん》入道とも称し、北条家の一族であったことから院主代となったと察せられる破戒僧で、農民に狩猟をさせて鳥獣の肉を食し、寺内の池に毒を入れ、取った魚を売りさばくなど、その振る舞いは放埒《ほうらつ》で、求道心のかけらもない人間でした。

法華講衆の急増に危機感をつのらせた行智は、建治二（一二七六）年、法華経に帰依した住僧の日秀師等に対し、法華読誦をやめ念仏を称《とな》えるとの起請《きしょう》文を書かなければ、住坊より追放するという無法な命令を下しました。いまだ信心が決定《けつじょう》していなかった三河房頼円師は、この行智の横暴に屈してしまいましたが、日秀師・日弁師・日禅師は断固として拒否し、日禅師は生家の河合《かわい》に帰り、日秀師・日弁師は住坊を追われても寺中に留まり、さらなる教化・折伏に励みました。

日興上人が記された『弟子分本尊目録』に、このころ入信した熱原郷の住人である神四郎等の名前を見ることができます。これら熱原の農民信徒達は、田畑とともに譲渡売買の対象とされる、「在家人」という隷属《れいぞく》的な立場の人々でした。封建時代の当時にあって、日興上人は、そのような立場の信徒であっても、それぞれの名前を克明に記され、大聖人に御本尊の申請を取り次がれています。このことからも、大聖人の下種仏法が、身分を問わず、一切衆生を等しく救済する尊い教えであると知ることができます。

法難の惹起《じゃっき》

法華講衆に対する迫害が強まり緊迫した状況のなか、弘安二（一二七九）年四月には、四郎という信徒が浅間《せんげん》神社の祭礼中に斬りつけられる事件が起こりました。

熱原農民への襲撃

また八月には、弥四郎という信徒が斬首《ざんしゅ》されるという凶悪な事件が起こりました。

この翌月の九月二十一日、熱原の農民信徒が集まり、下野房日秀師の田の稲刈りをしていた時のことです。このことを聞き、周到な準備を調えて機会を窺《うかが》っていた行智は、法華講衆を一網打尽《いちもうだじん》にするのはこの時とばかりに、すぐさま太田親昌《ちかまさ》・長崎時綱《ときつな》等の武士を駆《か》り集めて押しかけ、神四郎等を含む信徒二十名を捕縛《ほばく》しました。

そして、神四郎達の長兄である弥藤次《やとうじ》入道の名をもって、法華信徒が院主分の稲を奪い取ったと虚偽の訴状をもって告訴するとともに、二十名を鎌倉に押送したのです。弥藤次入道は、弟・神四郎達の法華信仰を猛烈に恨んでいたことから、行智の甘言《かんげん》に籠絡《ろうらく》され、法華講衆弾圧の先鋒となっていました。

また、大進房と三位房《さんみ》も、日興上人の弘教を助けるため、大聖人の命《めい》によって派遣されたにもかかわらず、天魔に魅入《みい》られ、法華講衆を迫害する反逆者となっていました。しかし、大謗法の果報によって、大進房はこの騒動で落馬し、三位房もこれに先立って不可解な最期《さいご》を遂げました。さらに、太田親昌・長崎時綱も落馬して、法華誹謗《ひぼう》の罰がたちどころに現れたのです。

日興上人は、これらの子細を書状に認《したた》め、直ちに身延の大聖人のもとに報告されました。急報を受けられた大聖人は、早速『聖人御難事《しょうにんごなんじ》』を認められ、一門の団結と奮起を呼び掛けられました。そして、

「彼のあつわら《熱原》の愚癡の者どもいゐ《言》はげまし《励》てをと《堕》す事なかれ。彼等には、たゞ一えん《円》にをもい《思》切れ、よからんは不思議、わるからんは一定《いちじょう》とをもへ《思》」

（御書一三九八ジ）

と、獄中の信徒に対し、不退転の信心を貫くよう励まされたのです。

さらに日興上人に対し、幕府に事件の真相を訴え、捕えられた信徒達が公正な裁きを受けられるよう、弁駁状《べんばく》の作成を指示されました。大聖人が認められた原案が

『滝泉寺申状』として、また、清書に関する御指示が十月十二日付の『伯耆《ほうき》殿御返事』（御書一三九九ページ）として今日まで伝わっています。

不退転の信仰を貫いた三烈士

鎌倉へ押送された二十名の熱原信徒を取り調べたのは、長年にわたり日蓮大聖人を迫害してきた平左衛門尉頼綱《へいのさえもんのじょうよりつな》でした。

弘安二（一二七九）年十月十五日、熱原信徒を自邸の庭に引き据《す》えた頼綱は、刈《か》田狼藉《たろうぜき》の事件には少しも触れず、「速やかに法華経の題目を捨てて、念仏を称《とな》えると起請文《きしょうもん》を書け。そうすればすぐに帰国させてやろう。しかし、言う通りにしなければ重罪に処す」と信徒を脅《おど》したのです。

しかし、日興上人より直々に指導を受けていた熱原信徒は頼綱の脅迫に怯《ひる》むことなく、「法華色読《しきどく》は今この時にあり」との覚悟で題目を唱え続けました。これに激怒した頼綱は、息子の飯沼判官資宗《いいぬまはんがんすけむね》に命じ、蟇目《ひきめ》の矢を用いた凄惨《せいさん》な拷問をもっ

拷問を受ける熱原信徒

て、信徒達に改宗を迫りました。蟇目の矢とは、鏃《やじり》の部分に穴の開いた鏑《かぶら》を取り付けた矢で、射ると鏑の穴に空気が入り、ヒューヒューと不気味な音を発して邪気を払うと言われるものです。この矢を射られることによって直ちに死に至ることはありませんが、その痛みは骨を砕《くだ》かんばかりのものです。

熱原信徒達は、この激痛にも一人として屈することなく、真剣な唱題の声はますます高まるばかりでした。

その姿は『如説修行抄』に、

「縦《たと》ひ頚《くび》をばのこぎり《鋸》にて引き切り、どう《胴》をばひし《菱》ほこ《鉾》を以てつゝき、足にはほだし《絆》を打ってきり《錐》を以てもむとも、命のかよ《通》は

んきは《際》〻南無妙法蓮華経、南無妙法蓮華経と唱へて、唱へ死に〻しぬるならば

云云」（御書六七四㌻）

と示される不自惜身命の信心を、まさに我が身をもって実践するものでした。

一介の農民達が、幕府を動かすほどの権力者の脅しや拷問《ごうもん》にも負けず、法華の信仰を純粋に貫かんとする姿は、頼綱を慄然《りつぜん》とさせたことでしょう。ひたすらに唱題を続ける熱原信徒の姿を目の当たりにした頼綱は逆上し、ついに狂乱の極みに達して、神四郎・弥五郎・弥六郎の三名（三烈士）を事件の首謀者《しゅぼう》として斬首に処すという、残虐非道《ざんぎゃくひどう》な暴挙に及んだのです。残る十七名は禁獄されたあと、ついに釈放されました。

この報告を受けられた大聖人は、

「彼等御勘気《かんき》を蒙《こうむ》るの時、南無妙法蓮華経と唱へ奉ると云云。偏《ひとえ》に只事《ただごと》に非《あら》ず。定めて平金吾《へいのきんご》の身に十羅刹の入り易《か》はりて法華経の行者を試みたまふか」

（聖人等御返事・同一四〇五㌻）

と、熱原信徒の不退転の信仰の姿を書き留められています。

頼綱の末路　―法華の現罰―

この法難の十四年後、熱原信徒を理不尽に裁《さば》いた頼綱は、我が子を将軍にせんとの謀反《むほん》の企てが発覚して誅殺《ちゅうさつ》され、一族滅亡という非業の末路をたどりました。

このことを日興上人は、

「左衛門入道法華衆の頚《くび》を切るの後、十四年を経て謀叛《むほん》を謀《はか》り誅《ちゅう》せられ畢《おわん》ぬ、其《その》子孫跡形《あとかた》無く滅亡し畢ぬ」（富要八―二一七ページ）

と記し置かれています。峻厳《しゅんげん》な仏法の道理からみれば、誹謗正法の果報、すなわち法華の現罰であることが明らかです。

出世の本懐《ほんがい》　―本門戒壇の大御本尊建立―

日蓮大聖人は、命に及ぶ数多《あまた》の法難により法華経を身読され、一閻浮提第一の法華経の行者としての御境界を示されました。しかるにこれまでの法難は、すべて大聖人に対するものでしたが、この熱原法難は、弟子信徒に対して惹起《じゃっき》したものであり、しかもこの法難において、命を捨てて法華の信仰を貫いた信徒は、入信間もない農民達だったのです。

法難の報告を日興上人より受けられた大聖人は、熱原法華講衆の信仰を深く鑑《かんが》みられ、いよいよ出世の本懐を成就する時が来たとの感を深められました。

大聖人は、弘安二年十月一日の『聖人御難事』に、

「仏は四十余年、天台大師は三十余年、伝教大師は二十余年に、出世の本懐を遂げ給ふ。其《そ》の中の大難申す計《ばか》りなし。先々に申すがごとし。余は二十七年なり。其の間の大難は各々かつしろしめせり」（御書一三九六㌻）

と、宗旨建立より二十七年目に当たるこの時に出世の本懐を成就する旨を示され、そして法難の嵐が吹き荒れる十月十二日、下種仏法の究竟《くきょう》の法体《ほったい》として、本門戒壇の大御本尊を御図顕あそばされたのです。

その脇書きには、

「法華講衆」（富要八―一七七ジペー）と認められており、末法万年にわたって三大秘法を受持する衆生を法華講衆と称されています。すなわち本門戒壇の大御本尊は、地位や身分にかかわりなく、尽未来際にわたって一閻浮提の衆生をことごとく即身成仏に導く、根本究極の御本尊にましますのです。

三烈士の信仰を受け継ぐ法華講

総本山大石寺には、三烈士の墓とその信行を讃える顕彰碑《ひ》が建立され、大御本尊の御元に、その功績は燦然《さんぜん》と輝いています。そして不退の信行を貫いた熱原法華講衆の信心は、本宗信徒の鏡として、法華講員の信心のなかに脈々と受け継がれているのです。

私達は、法華講の源流である熱原法華講衆の信心を学び、その姿を模範《もはん》として、「広宣流布の使命は、熱原三烈士の信心を受け継ぐ日蓮正宗法華講にあり」との決意をもって、折伏に精進してまいりましょう。

熱原三烈士の顕彰碑

二、師弟相対の信心

師弟相対とは

師弟相対とは、師匠が弟子に対して絶対の信頼をもって法を伝え、また弟子が師匠に絶対の帰依をもって仕《つか》え、教えを拝受していくことを言います。

現在、日蓮大聖人の門下を名乗る者は多くいますが、大聖人と第二祖日興上人の真の師弟相対の姿を正しく伝えているのは、日蓮正宗以外にはありません。

私達は、謙虚な姿勢でこの師弟相対を学び、自らの信行の上に実践して励んでいくことが大切です。

師に仕《つか》えることの大事

法華経の信心修行について古歌には、

「法華経を　我が得しことは　薪《たきぎ》こり　菜摘《なつ》み水汲《く》み　仕えてぞ得《え》し」

と詠《よ》まれ、法華経の深義を会得《えとく》するためには、仏法上の正しい師匠に身をもって仕えることが大切であると示されています。

とりわけ、末法の御本仏・日蓮大聖人の仏法は、一切衆生を救済し成仏に導く教えであり、単なる理論や哲学などではありません。故に、この仏法を信ずる私達も、我が身をもって修行してこそ、功徳の実証を示すことができるのであり、そのための具体的な実践が「師に仕える」ということなのです。

第二十六世日寛上人は、

「師は是《こ》れ針の如し　弟子檀那《だんな》は糸の如し」

（臨終用心抄・富要三―二六六ジペー）

と仰せられ、弟子は師匠に随順し、師弟相対することによって正しい仏道を歩めることを示されています。

師弟相対による相伝仏法

大聖人は『日蓮一期弘法《いちごぐほう》付嘱書』に、

「血脈の次第　日蓮日興」（御書一六七五ページ）

と、師弟相対を尽くして大聖人に常随給仕された日興上人を法嗣《ほうし》（仏法の後継者）と定められました。そして日興上人は、大聖人の御内証の法体と衆生救済のお振る舞いを寸分違《たが》わず受け継がれたのです。

以来、本宗の相伝は唯授一人の血脈相承により、日興上人から日目上人に、日目上人から日道上人へと、真の師弟相対の姿をもって、御当代日如上人まで、代々、厳然と伝持されています。

第九世日有上人が、

「十界事広しと云《い》へども日蓮日興の師弟を以《も》って結帰《けっき》するなり」
（有師談諸聞書・富要二―一六〇ジペー）

と仰せのように、末法万年の一切衆生を救済する仏法の根源は、大聖人と日興上人

日顕上人・日如上人御座替り式（平成 17 年 12 月 16 日）

の師弟相対の血脈伝持に存するのです。

富士の立義《りゅうぎ》

大聖人が『一代聖教大意《しょうぎょう》』に、

「此《こ》の経は相伝に有らざれば知り難《がた》し」（御書九二㌻）

と説かれ、また日寛上人が、

「宗祖の云わく『此の経は相伝に非《あら》ずんば知り難し』等云云。『塔中《たっちゅう》及び蓮・興・目』等云云」（撰時抄上愚記・御書文段三三七㌻）

と仰せのように、私達は、唯授一人の血脈を伝持される御法主上人に信伏随従し、師弟相対しなければ、大聖人の仏法を正しく拝することはできません。

御本仏大聖人の仏法は、

「本地難思《ほんちなんし》の境智《きょうち》の妙法は迹仏《しゃくぶつ》等の思慮《しりょ》に及ばず、何《いか》に況《いわ》んや菩薩・凡夫をや」（立正観抄・御書七七〇㌻）

と仰せのように、凡夫の思慮の及ばない甚深の妙法です。したがって、日興上人が『日興遺誡置文《ゆいかいおきもん》』に、

「一、富士の立義聊《いささか》も先師の御弘通に違《い》せざる事」（同一八八四㌻）

「一、当門流に於ては御抄を心肝に染め極理《ごくり》を師伝して」（同㌻）

と誡《いまし》められているように、大聖人の仏法をいささかも違《たが》えることなく正しく拝し、弘通していくには、血脈伝持の師匠に師弟相対し、「極理を師伝」する以外に方法はないのです。

このことを明らかに示す事例として、日興上人以外の大聖人の本弟子達（五老僧）が、大聖人御入滅後に天台沙門と名乗り、日興上人に背《そむ》いて退転したことが挙げられます。

かつて大聖人は、

「我が弟子等の中にも信心薄《う》淡《す》き者は臨終の時阿鼻獄《あびごく》の相を現ずべし。其《そ》の時我を恨《うら》むべからず」（顕立正意抄・同七五一㌻）

と、厳しく弟子檀那を誡められていましたが、師匠に仕える大事を疎《おろそ》かにした五老

僧は、この訓誡も心中に染まらず、大聖人を末法の御本仏と拝することも、血脈付法の日興上人を本門弘通の大導師と拝することもできずに、ついに謗法に堕《だ》してしまったのです。

能所一体

大聖人が『御講聞書《おんこうききがき》』に、

「能《のう》と云《い》ふは如来なり、所《しょ》と云ふは衆生なり、能所各別するは権教の故なり。法華経の意は能所一体なり」（同一八六二ジペー）

と仰せのように、最勝の経典である法華経には、能化《のうけ》の仏（仏界・師匠）と、所化の衆生（九界・弟子）の一体不二が説かれています。ただし、この能所一体は、仏と衆生、師匠と弟子が同等であるということではありません。

日興上人が『佐渡国法華講衆御返事』に、

「なをなをこのほうもん《法門》は、しでし《師弟子》をたゞ《正》してほとけ《仏》になり候。しでし《師弟子》だにもちがい《違》候へば、おなじ《同》ほくゑ《法華》をたもち《持》まいらせて《進》候へども、むけんぢごく《無間地獄》にお《堕》ち候也《なり》」（歴全一—一八三ページ）

と仰せられ、また日有上人が、

「当宗は如何《いか》にも師弟相対の処に、余念なき処を即身成仏と御沙汰《ごさた》候」（有師物語聴聞抄佳跡上・富要一—一九〇ページ）

と御指南されているように、師匠と弟子の筋目を正し、師弟相対の信行を尽くすことにより、初めて師弟が一体不二の境地となって即身成仏がかなうのです。

もしも師弟の筋目を違えてしまうならば、たとえ法華経を受持していても地獄に堕ちることを知らなくてはなりません。

峻厳《しゅんげん》な師弟相対の筋目

日興上人の師弟相対に対する厳格な姿勢を示すものとして、弟子の日尊《にちぞん》師を勘当《かんどう》した逸話《いつわ》が伝えられています。

日興上人の御講義の最中、日尊師が庭先で秋風に散る梨の葉に気を取られ眺《なが》めていました。その姿を見られた日興上人は、

「大法を弘めんとする者が説法中に違念《いねん》を起こし、落ち葉に心を奪われるとは何事か。速《すみ》やかに座を立ちなさい」

と、厳しく叱責《しっせき》され、その場で日尊師を勘当されたのです。その後、日尊師は発心《ほっしん》し、十二年の間、全国各地を折伏弘教に歩き、三十六カ寺もの寺院を開いてようやく日興上人より許されたと伝えられ、現在、妙本寺（埼玉）・富久成寺（茨城）・満願寺（福島）・仏眼寺（宮城）・実成寺（福島）等、日尊師建立の本宗寺院が残っています。

天台大師が『法華文句《もんぐ》』に、

「師厳《げん》にして道尊《たっと》し」（文句会本下一八〇ジペー）

と述べているように、一切衆生を成仏に導く最勝・最尊の仏法には、峻厳な師弟相対の姿が存するのです。

手続《てつぎ》の師匠とは

第九世日有上人は『化儀抄』に、

「手続の師匠の所は、三世の諸仏高祖已来《こうそいらい》代代上人のもぬけられたる故に、師匠の所を能《よ》く能く取り定めて信を取るべし、又我が弟子も此《か》くの如《ごと》く我に信を取るべし、此《こ》の時は何《いず》れも妙法蓮華経の色心《しきしん》にして全く一仏なり、是《こ》れを即身成仏と云うなり云云」（聖典九七四㌻）

と仰せられています。

この「手続」とは、第五十九世日亨上人が、

「『手続』とは（中略）世間に物件の授受は必ず手を以って受渡しを為《な》す故に、手続又は手継の成語生ず」（富要一―一二四㌻）

と仰せのように、「手から手に代々受け継いでいること」また「取り次ぎ仲介する」という意味の言葉です。また「三世の諸仏高祖已来代代上人のもぬけられたる」と

は、高祖、すなわち御本仏日蓮大聖人の仏法の法体が、唯授一人血脈相承をもって御歴代上人に伝持されていることを示されたものです。

したがって「手続の師匠」とは、血脈伝持の御法主上人にましますのであり、本宗僧俗は、御法主上人の御指南に信伏随従して信行に励むところに、即身成仏がかなうのです。

また、かつて第六十七世日顕上人は、

「『手続の師匠』は、当代の法主であるとともに、またその旨を受け、意を受けて、日本全国、乃至世界の各地にその命《めい》を受けて赴《おもむ》き、法を弘宣するところの僧侶であり、その各々の僧侶の命の中に大聖人様の仏法の功徳が存する」

（大日蓮・平成三年九月号六八ジペー）

と仰せられ、法華講員の信心を御法主上人へ取り次いでくださる所属寺院の御住職・御主管も、広義に言えば「手続の師匠」に当たることを御指南されています。

末寺の御住職・御主管は、血脈付法の御法主上人に師弟相対し、御法主上人の名《みょう》代《だい》として、大聖人の仏法を正しく信徒に伝え、教化育成してくださるのです。

師弟の筋目を違《たが》えない

私達法華講員は、信心の上において、師弟の筋目を違えないように注意しなければなりません。日興上人の時代にも、教化を受けた直接の師匠がいるにもかかわらず、大聖人の直弟子を名乗る者がいました。

日興上人は、

「案《あん》の如《ごと》く聖人の御《おん》のちも、末《すえ》の弟子どもが、これは聖人の直《じき》の御弟子と申す輩《やから》多く候。これが大謗法にて候なり」

(佐渡国法華講衆御返事・歴全一—一八四ジペー取意)

と仰せられ、師弟の筋目を違える者は大謗法であると厳しく誡《いまし》められています。

また第五十九世日亨上人は、

「宗門一般の僧俗は悉《ことごと》く本山法主の弟子檀那《だんな》の理《り》なりと速了《そくりょう》し、直系師僧の推《すい》挙披露《きょひろう》を待たずして、直に此等《これら》の沙汰《さた》を為《な》すときは、此《これ》は是《こ》れ事行《じぎょう》を離れて理《り》門《もん》に走り、信行を斥《しりぞ》けて智解《ちげ》に陥《おちい》る物怪《もっけ》なり」

（有師化儀抄註解・富要一―一一六㌻）

と仰せられています。すなわち、御本尊下付や登山参詣など、総本山に願い出ることは、所属寺院の御住職・御主管に取り次いでいただくのが正しい筋道です。それを「自分は御法主上人の直接の信徒である」などと考え、寺院の御住職・御主管を飛び越えて直接、総本山に申請することは、師弟の筋目を違えた姿であると誡められているのです。

日蓮正宗に入信して法華講員となる際には、必ず有縁の寺院（末寺）で御授戒を受けますが、これは、その寺院の御住職・御主管を信心の直接の師匠とする姿であり、それ故に、以後の婚礼・葬儀や信心の指導など、信仰上の事柄を所属寺院の御住職・御主管に願い出ることができるのです。

私達は、所属寺院の御住職・御主管こそ、自分の信心の直接の師匠であることを改めて確認しましょう。

師弟関係の在り方

日有上人は、

「末法今時は悪心のみにして善心無し。師弟共に三毒強盛《ごうじょう》の凡夫の師弟相対して、又余念《よねん》無く妙法蓮華経を受持する処を即身成仏とも名字下種とも云はるゝなり」（有師談諸聞書・富要二―一四七㌻）

と仰せられ、末法の衆生は師匠も弟子も、共に三毒（貪《とん》・瞋《じん》・癡《ち》の煩悩）強盛の凡夫であること、そしてその両者が、互いに師弟相対して妙法を受持するところに、即身成仏の大功徳が存することを御指南されています。

大聖人は信徒の教化育成に際して、

「此の僧によませまひらせて聴聞あるべし。此の僧を解悟《げご》の智識と憑《たの》み給ひてつねに法門御たづね候べし」（新池御書・御書一四六一㌻）

等と仰せのように、弟子の御僧侶を遣《つか》わして、遠方にいる信徒を指導されていました。

現在、各末寺の御住職・御主管も、大聖人の御在世と同様に、御法主上人の名代として寺院に派遣され、所属信徒と手を携《たずさ》えて大聖人の仏法を広宣流布するために、日夜、心を砕かれているのです。

私達は、自分の好き嫌いや、性格が合う合わないということに振り回されるのではなく、日亨上人が、

「弟子は師匠を尊敬して奉上《ほうじょう》すること三世十方の通軌《つうき》なれば、釈尊は迦葉仏《かしょうぶつ》に宗祖は釈尊に開山は宗祖に寛師は永師に霑《でん》師は誠《じょう》師に師侍《しじ》し、もたげ給ふ。師は針、弟子は糸の如く、法水相承血脈相伝

信心修行は「師は針、弟子は糸の如し」

等悉《ことごと》く師に依って行はる。師弟の道は神聖ならざるべからず。世間の利害を離れて絶対ならざるべからず」（有師化儀抄註解・富要一―一二四㌻）

と御指南されているように、大聖人の仏法を信仰する上において師弟となった神聖・厳粛な因縁を深く感じ、信心の上に互いに尊敬・尊重し合う僧俗の信頼関係を築くように努めてまいりましょう。

以上、大聖人および御歴代上人が御指南されているように、師弟相対は正しい信行に不可欠な方軌《ほうき》であり、末法の衆生は、師弟相対の信心を尽くすことによって、御本尊の尊い功徳を受けることができるのです。

第4章

所作仏事

一、化儀と化法

化儀とは、本来、仏が衆生を教化し導く方法・形式を言います。また化法とは、仏が衆生を教化し導く教法、すなわち教えの内容を言います。天台大師は、釈尊の説法の順序を「五時」に分類し、説法の方法・形式を「化儀の四教」として、また説かれた教えの内容を「化法の四教」として分類し、この五時八教をもって総合的に一代諸経の勝劣浅深を判釈して、法華経が最勝の経典であることを明らかにしました。

この化法と化儀の関係は、化法を薬に、化儀を投薬方法に譬えることができます。病に適した薬と、その正しい投薬方法が相まって病が癒《い》えるように、正しい化法と化儀の両方が相《あい》まって、初めて功徳を成就することができるのです。

本宗化儀の淵源《えんげん》

本宗の化儀は、久遠元初の御本仏にまします日蓮大聖人の御化導に、その本義があります。また、それを根本として、大聖人の仏法を正しく伝える本宗の儀式・法要および具体的な修行方法も化儀に含まれるのです。

大聖人は、御本仏としての御魂魄《こんぱく》を本門戒壇の大御本尊と顕《あらわ》されるとともに、末法の衆生のための正しい仏道修行を示されました。

その大聖人の教えとお振る舞いをもとに、第二祖日興上人、第九世日有上人、第二十六世日寛上人等の御歴代上人により、本宗の化儀が整足され、今日まで伝わっています。これが総本山大石寺の山法山規《さんぽうさんき》であり、本宗の儀式・法要・修行・所作等の規範となっています。

日有上人は『化儀抄』に、

「法華宗は能所共に一文不通の愚人《ぐにん》の上に建立」（聖典九八七ジペー）

と仰せられ、大聖人の仏法は、機根の低い末法の衆生を救うための教えであると御指南されています。

つまり、私達末法の衆生は、自分の智慧では甚深の仏法を悟ることができません。そこで、化儀という具体的修行方法を学ぶことにより、仏法に対する智慧のない私達であっても、大聖人の仏法を実践することができるのです。

化儀即化法

本宗の化法とは、大聖人の下種仏法の法体たる南無妙法蓮華経と、それに基づく教義であり、化儀とは、本宗の儀式・法要・修行など、大聖人の教え（化法）を具体的に表明・実践する振る舞いです。

私達の信心修行の根本と言える「御本尊を受持する」ということも、化儀に含まれます。このことからも解るように、私達は正しい化儀の実践によってこそ、御本尊の大功徳に浴することができるのです。

このように化儀と化法（法体）が一体であることを「化儀即化法」「化儀即法体」と言います。

日有上人が、

「当宗は第一化儀なり」（有師物語聴聞抄佳跡上・富要一―一九八ページ）

と仰せられ、また第三十一世日因上人が、

「第一化儀とは当宗化儀即仏法なるが故に」（同ページ）

と仰せのように、化儀即法体である故に、けっして化儀を軽んずることなく、尊重しなくてはならないのです。

このことを第六十七世日顕上人は、

「日蓮正宗の法義は、宗祖大聖人、日興上人以来、根本の化法によって化儀が確立しているのであります（中略）すなわち、化儀と化法は本来、一体なのでありまず。この基本が変わらないことを化儀化法の一体と言うのである」

（創価学会の偽造本尊義を破す一三八ページ）

と御指南されています。

色心不二《しきしんふに》

諺《ことわざ》に「目は口ほどに物を言う」とあるように、私達の心と身体とは、互いに深く関連しています。心に思っていることは、自然と表情や態度に表れますし、また体調の善《よ》し悪《あ》しによって、心にも影響を受けるものです。このように、心と身体が二にして一であることを「色心不二」と言います。

仏道修行においても、私達は自分自身の身体を使って修行（化儀）を実践し、継続していくことによって、御本尊に対する確信を堅固《けんご》にしていくことができます。香気が衣服などに染み込んで、いつまでも残り香が薫るように、修行の実践により我が命を仏法に染めていくことができるのです。

化儀を尊重し、正しく実践しよう

近ごろ、世間では、形式・作法を軽視する風潮がありますが、日蓮正宗の化儀は単なる形式などではなく、けっして疎《おろそ》かにしてはならない大切な修行の規範です。また、大聖人の仏法を日々の所作や振る舞い、実践のなかに具現するという重要な意義を持っています。

私達は、この大切な意義をわきまえ、正しい化儀を学び、実践していかなければなりません。化儀を軽視したり、我見をもって誤った化儀を実践するならば、功徳を成就しないばかりか、ひいては謗法罪障を積んでしまうことになりかねません。私達は自身の成仏のため、謗法に陥《おちい》らないためにも化儀を正しく学び、厳格に行っていくことが大切です。

二、御本尊の御安置とお給仕

根本尊崇《そんすう》の大事

第五十九世日亨上人は、

「『行体』とは水を汲《く》み華《はな》を摘《つ》み菜《な》つみ薪《たきぎ》とりより始めて、其外《そのほか》日常の業務なり。事行《じぎょう》の本宗にては行体が肝心なり」

（有師化儀抄註解・富要一―一二一㌻）

と仰せられ、信心の実践を重んじる本宗においては、御本尊のお給仕をはじめとする日常の行体が最も大切であると教えられています。

私達の家庭に御安置申し上げる御本尊は、唯授一人の血脈を伝持される御法主上人が、日蓮大聖人の御魂魄《こんぱく》である本門戒壇の大御本尊の御内証を書写された御本尊です。したがって、私達は常に大御本尊と血脈付法の御法主上人に信順して、怠《おこた》ることなく御本尊のお給仕に勤めていくことが大切です。

毎朝、仏壇を清め、お水をお供《そな》えし、樒《しきみ》の水を換《か》え、また勤行・唱題の際に灯明《とうみょう》をつけ、香を焚《た》くことなど、すべてが御本尊への御供養であり、自らの仏道修行なのです。

如在《にょざい》の礼《れい》

第二祖日興上人は、大聖人こそ末法の御本仏であると拝され、常に身に影の添《そ》うように仕《つか》えられて、下種仏法をことごとく承継されました。

そして、大聖人御入滅後も、

「御経日蓮聖人見参に申入《もうしいれ》まいらせ候ぬ」

（曽祢殿御返事・歴全一―一五一ジペー）

と仰せのように、御本尊は、大聖人の御当体なので、常に大聖人がおわしますと拝されて御供養の品々《しなじな》をお供えされたのです。このようなお給仕の姿を「如在の礼」と言います。法華経如来寿量品第十六に、

「我常《われつね》に此《こ》の娑婆世界《しゃばせかい》に在《あ》って、説法教化《せっぽうきょうけ》す」（法華経四三一ページ）

と説かれるように、私達も、御本尊は大聖人の御当体であり、御宝前には常に大聖人が在《まします》すと拝し、「如在の礼」をもってお給仕に勤めましょう。

なお、お給仕の際には口に樒の葉をくわえ、きちんとした身なりで行います。普段から下着姿で御本尊の前を通るなどの非礼がないよう、厳に慎《つつし》むべきです。

御本尊の御安置

御本尊を御安置する仏壇は、各自の状況に応じたものを用意しましょう。御安置する場所は、家の中で中心となる部屋を選びます。仏壇は北を背にして、南に向けて置くのが原則ですが、間取り等の事情によってできない場合はその限りではあり

五具足とお水・過去帳を具える仏壇

ません。また家を新築する場合などは、前もって所属寺院に御相談しましょう。

仏壇は、座った時、御本尊を目の高さよりやや上方に拝するように置きます。御本尊に対する不敬となるため、仏壇の上に物を置いたり、額《がく》を掛けたりせず、また仏壇の中には写真等を入れないようにします。

なお、先祖の位牌は、過去帳に記載していただいた上で、寺院に納めるようにしましょう（位牌・過去帳については114ページを参照）。

お水

仏前や墓前に供える水を梵語（サンスクリット語）では「arghya《アルガ》＝閼伽《あか》」と言い、功徳水と意訳します。

本宗では第九世日有上人が、

「茶湯有るべからず、唐土の法なるが故に」（化儀抄・聖典九八八ジペー）

と仰せのように、お茶ではなくお水をお供えするのです。

毎朝の勤行の前に、樒の葉の先端部を水器に入れ、汲《く》み初《ぞ》めの清らかなお水をそそいでお供えします。昼間は水器の蓋《ふた》をあけておき、夕勤行の前にお水をお下げしてから被《かぶ》せます。

しきみの先端を切って入れましょう

三《みつ》具足・五《ご》具足

本宗では、御宝前の荘厳《しょうごん》には三具足または五具足を用います。三具足とは、香炉・華・灯明《とうみょう》であり、五具足とは、香炉・華一対《つい》・灯明一対です（43ページ写真参照）。香は、仏の悟られた理法である法身《ほっしん》・中諦を表します。灯明は智慧の火を灯《とも》す意で、報身・空諦《くうたい》を表します。華は、仏の慈悲の振る舞いを表し、応身・仮諦を表します。どちらの荘厳式を用いる場合でも、深い意義が存することをわきまえて、配置にも気をつけましょう。

華

法華経方便品第二に、

「栴檀《せんだん》及び沈水《じんすい》　木櫁《もくみつ》並《なら》びに余の材《ざい》」（法華経一一五ページ）

と説かれるように、本宗では御本尊にお供えする華として樒《しきみ》を用います。常緑樹である樒は、青々とした姿をもって永遠不滅を表すため、御本尊にお供えするのにふさわしい華です。色花は、すぐに枯れてしまう姿が無常遷滅《せんめつ》を表すため用いません。また、樒は日本唯一の香木であり、特有の香気で邪気を払い、御宝前を清浄《しょうじょう》にする意義があります。

香

法華経法師品第十に、

「抹香《まっこう》、塗香《ずこう》、焼香」（法華経三一九ペジ）

と、香をもって仏前を荘厳することが説かれていますが、これは香の薫《かお》りをもって仏への供養とするのです。

香は、静穏を旨とし灰の散乱を防ぐため、線香（三

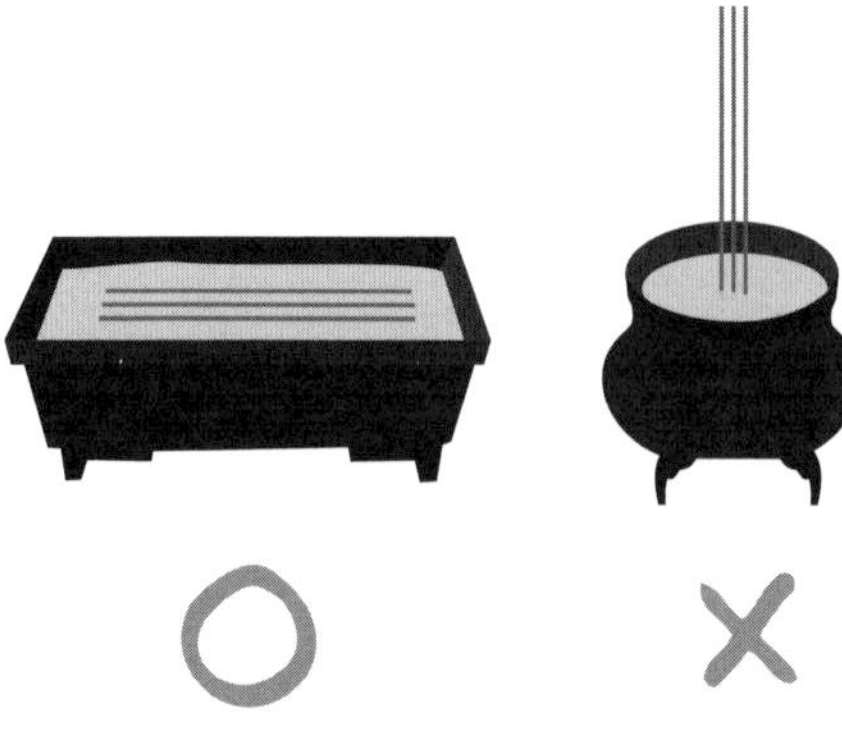

線香は寝かせて

本または一本）を、横に寝かせて用います。

灯《とう》明《みょう》

灯明は、御本尊に明かりをお供えして御宝前を荘厳するものです。法華経をはじめ、多くの経典には灯明供養の甚大な功徳が説かれています。

なお、ロウソクの火の始末には充分注意しましょう。

鶴丸徳利《とっくり》

鶴丸徳利を用いる場合は、御本尊の左右の脇に、鶴のくちばしが内側に向かい合うように置きます。燭台《しょくだい》や華立《はなた》て等に鶴丸の紋がある場合も、左右が逆にならないように気をつけましょう。

仏飯等のお供え

御本尊にお供えする御飯を「仏飯《ぶっぱん》」と言い、御飯を炊いた時には、私達が頂く前に、御本尊にお供えします。

御飯を仏器に盛って御宝前にお供えし、正座して題目を三唱

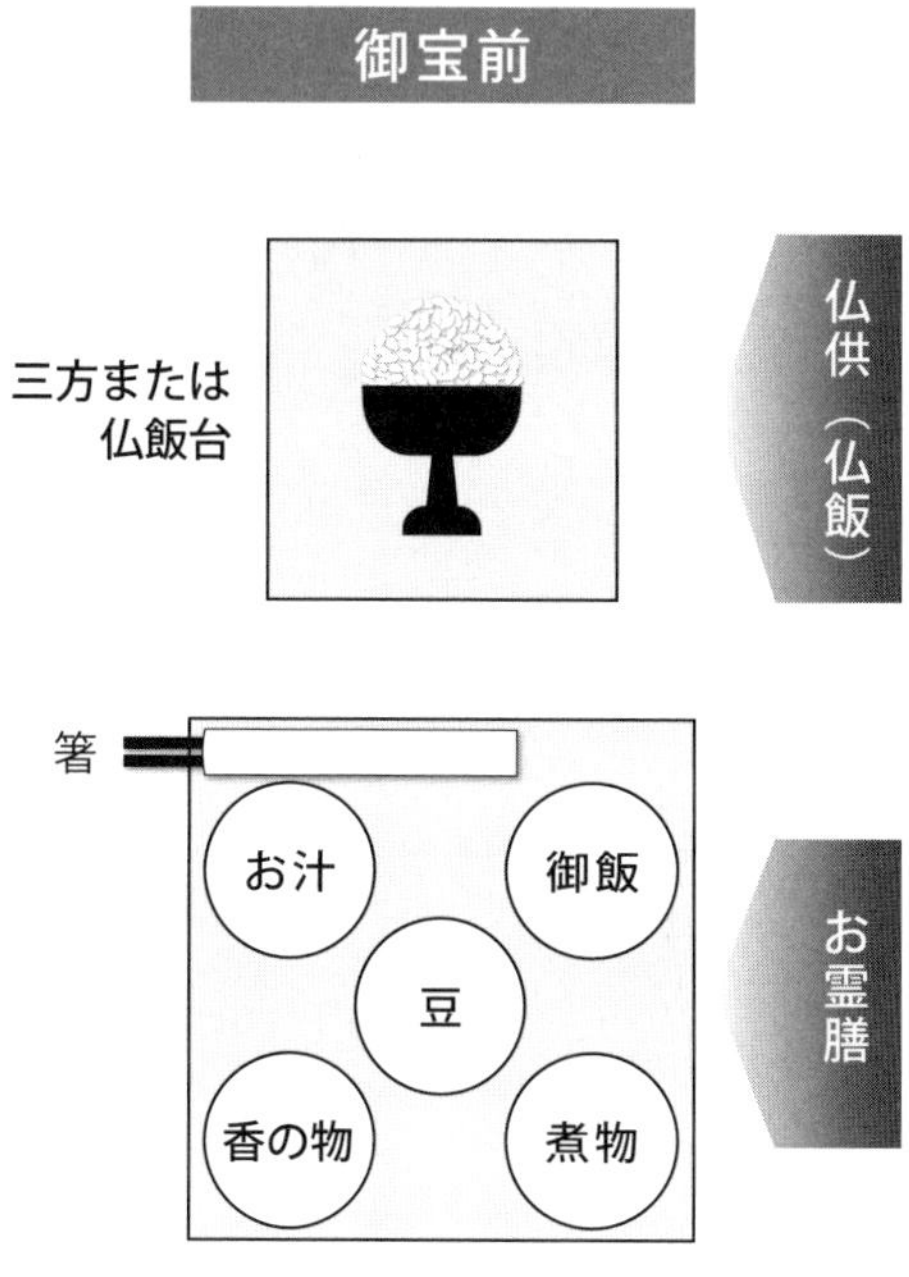

お膳の一例

したあと、

「南無下種三宝御報恩謝徳御供養の御《おん》ために、南無妙法蓮華経」

と観念して鈴を三打し、題目を三唱してお下げします。

仏飯はお供えしたままにはせず、すぐに下げるのが正しい作法です。

このほか、御造酒《おみき》（酒）や菓子、季節の野菜や果物等も適宜お供えしますが、肉

や魚、にら・らっきょう・ねぎ・にんにく・しょうがの五辛《ごしん》はお供えしません。自宅で法事を営む時には、御本尊に仏供《ぶっく》（仏飯）と酒、菓子、季節の果物などを供え、精霊《しょうりょう》用のお膳があれば、肉・魚・五辛を避けて調菜料理をお供えします。

毎日、真心を込めて

こうしたお給仕は、御本尊への御供養と我が身の功徳善根となるのですから、大切な意義をよく理解し、形式的になることなく、報恩謝徳の念を込めて勤めてまいりましょう。

三、合掌と数珠

合掌《がっしょう》とは

合掌とは、両手の掌《たなごころ》を胸の前で合わせることです。

法華経方便品第二に、

「合掌し敬心《きょうしん》を以《もっ》て　具足《ぐそく》の道《どう》を聞《き》きたてまつらんと欲《ほっ》す」（法華経九七ページ）

と説かれているように、合掌は、あらゆる功徳を円満に具足する御本尊を敬い、仏道を求める心が現れた姿なのです。

合掌について、日蓮大聖人は『御義口伝』に、

「合掌とは法華経の異名《いみょう》なり。向仏《こうぶつ》とは法華経に値《あ》ひ奉るを云ふなり。合掌は色法《しきほう》なり、向仏は心法なり。色心二法妙法と開悟するを歓喜《かんぎ》踊躍《ゆやく》と説くなり」

（御書一七三四ページ）

と仰せられています。この御教示のように、私達が色心の二法（身体と心）をもって合掌し、末法の法華経である南無妙法蓮華経の御本尊に題目を唱えるところ、御本尊と境智冥合《きょうちみょうごう》して、その身そのままの姿で即身成仏の大功徳を成ずることができるのです。

合掌の際、手の指は十界および三千の諸法を表し、左右の掌を合わせれば十界互具となって実相印《いん》となります。そして胸に当てるところは、胸中心性《しんしょう》の白蓮華《びゃくれんげ》、すなわち私達衆生に具《そな》わる仏性に通じます。

第六十七世日顕上人が、

「妙法蓮華経は、いわゆる十界互具の実相がその理になるわけですから（中略）十本の指をきちっと合掌して、そして修行する――この合掌印がそのまま最高の印なのであります。仏法の真実の印はこの実相印一つであります」

（大日蓮・昭和六一年二月号四六ページ）

と御指南されているように、この合掌印（実相印）こそ、仏法における最高の印（仏の教えを証明する姿）なのです。

合掌の姿勢

合掌の姿勢は、背筋《せすじ》を伸ばし両肘《りょうひじ》を軽く両脇につけ、胸の前で掌を合わせます。眼は御本尊の「妙」の字を中心に全体を拝します。

合掌の仕方

第九世日有上人は、

「当門徒の御勤めの事一大事なり（中略）勤めの時、目づかいにより貌《かお》の持ち様《よう》、手の持ち様、ひざのくみ様にても其《そ》の人の余念を顕はすと御沙汰《ごさた》候」

（有師御物語聴聞抄佳跡上・富要一―二四〇㌻）

と仰せられ、大切な勤行・唱題の修行の時に、余念を起こして崩れた姿勢となることを厳しく誡《いまし》められています。

私達は、常に正しい合掌の姿勢で勤行・唱題するように心掛けましょう。

数珠《じゅず》とは

数珠とは、仏道修行に用いる法具で、本宗においては、袈裟《けさ》・衣とともに三衣《さんね》の一つです。

第二十六世日寛上人は『当家三衣抄』において、釈尊が波瑠璃王《はるりおう》に対し「悩みを解決したいならば、木槵子《もくげんし》一百八顆《か》をつらね、常に身に離さず、至心《ししん》に仏法僧の三宝を念じなさい」と教えた説話を挙げられています。また、

「数珠とは此《こ》れ乃《すなわ》ち下根《げこん》を引接《いんじょう》して修業を牽課《けんか》するの具《ぐ》なり」

(六巻抄二二四ジペー)

とも仰せられ、私達、末法における下根の衆生を仏法僧の三宝のもとに導き、修行を進めるための法具であると御指南されています。

数珠の体相《たいそう》とかけ方

数珠の体相は、数珠即妙法五字・無作《むさ》本有《ほんぬ》の当体であり、珠《たま》の丸いことは、法性の妙理、大円鏡智《だいえんきょうち》を表しています。また珠の数が百八であることは、百八の煩悩を表しています。

二箇の大顆《だいか》（親珠《おやだま》）は、父母・境智・妙法を表し、四箇の小粒の珠は本化《ほんげ》の四大菩薩（上行菩薩・無辺行菩薩・浄行菩薩・安立行菩薩《あんりゅうぎょう》）を表します。左右の房の三十の珠は三千の諸法を表し、また僧侶の数珠の房が長いことは、妙法を一閻浮提《いちえんぶだい》に広宣流布し、一天四海へなびかす意であるとされています。

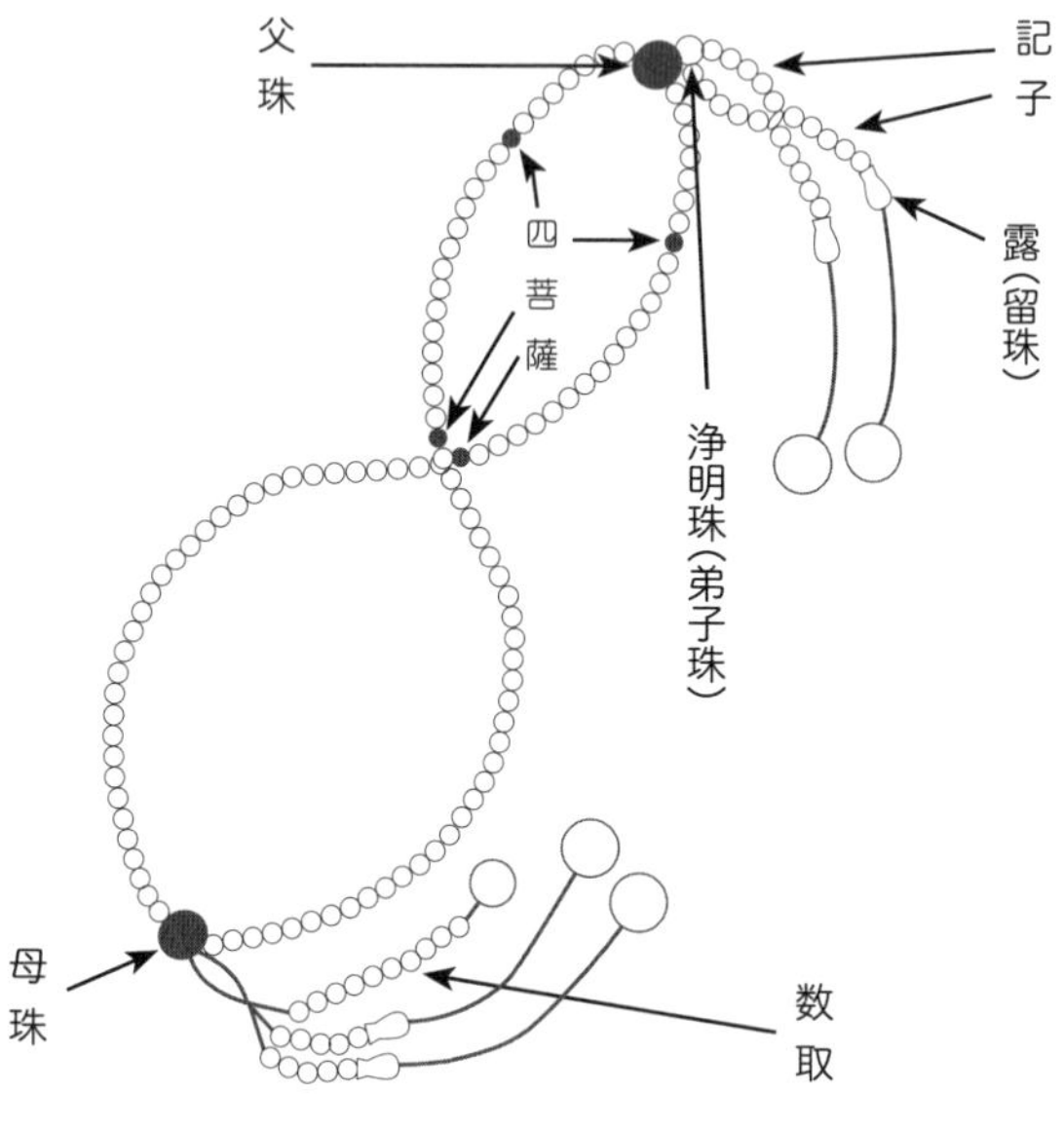

数珠の体相

数珠のかけ方は、房が二本あるほうの親珠を左手中指にかけ、数珠を一回ひねり、綾《あや》にして、房が三本あるほうの親珠を右手中指にかけて合掌します。

数珠の取り扱い

このように、数珠は深い意義を持つ法具であり、本宗では古来「数珠は仏の如くせよ」と、大切に扱うよう誡《いまし》められています。したがって、数珠を直接、畳や床の上に置いたり、振り回したりするなど、粗末に扱ってはいけません。また、勤行・唱題の時に、むやみに揉《も》んで音を出さないようにしましょう。経本も同様に、粗末に扱わないように注意してください。

第二十六世日寛上人が、

「数珠は須臾《しゅゆ》も身を離すべからず。故に『常自随身《じょうじずいしん》』と云うなり」

（当家三衣抄・同二二五ジペー）

と仰せのように、私達は常に数珠を随身するよう心掛けたいものです。

本宗の数珠は、開眼供養することによって初めて、法具としての意義と功徳が具わります。したがって、必ず寺院で開眼供養したものを使用し、古くなった数珠・経本は寺院に納めるようにしましょう。

四、勤　行

勤行の意義については、本書の「信仰の実践・勤行」の項（上巻4ﾍﾟｰｼﾞ）でも学びましたが、ここでは所作仏事《しょさぶつじ》の観点から勤行について学びます。

正行・助行

本宗の勤行において、御本尊に向かって法華経の方便品第二と如来寿量品第十六を読誦することは助行であり、南無妙法蓮華経の題目を唱えることは正行です。

①　正　行

本宗では、日蓮大聖人が、

「文底とは久遠実成の名字の妙法を余行にわたさず、直達正観《じきだつしょうかん》・事行《じぎょう》の一念三千の南無妙法蓮華経是《これ》なり」（本因妙抄・御書一六八四ページ）

と仰せのように、文底事《じ》の一念三千の妙法にして、末法の御本仏日蓮大聖人の御魂《こん》魄《ぱく》である本門戒壇の大御本尊を信じ奉り、末法の一切衆生をことごとく救済する本門の題目を唱えます。

大聖人が唱え出《い》だされた題目は、

「今日《いま》蓮等の類《たぐい》弘通の南無妙法蓮華経は体なり心なり、廿八品《にじゅう》は用《ゆう》なり廿八品は助行なり。題目は正行なり、正行に助行を摂すべきなり」

（御義口伝・同一八〇六ページ）

と仰せのように、法華経乃至仏教全体の根本・肝要です。したがって本宗の正行である唱題には、仏法のあらゆる功徳善根がことごとく具《そな》わっているのです。

② 助 行

大聖人は『月水御書』に、

「法華経は何《いず》れの品《ほん》も先に申しつる様《よう》に愚《おろ》かならねども、殊《こと》に二十八品の中に勝《すぐ》れてめでたきは方便品と寿量品にて侍《はべ》り。余品《よほん》は皆枝葉《しよう》にて候なり。されば常の御所作には、方便品の長行《じょうごう》と寿量品の長行とを習ひ読ませ給ひ候へ」

（御書三〇三ページ）

と仰せられ、毎日の勤行においては、法華経の迹門と本門それぞれの中心である方便品・寿量品を読誦するよう御指南されています。

第二十六世日寛上人は、

「助行とは、方便寿量の両品を読誦し、正行甚深《じんじん》の功徳を助顕す。譬えば灰汁《かいじゅう》の清水を助け、塩酢《えんそ》の米麺《べいめん》の味を助くるが如し」（当流行事抄・六巻抄一六一ページ）

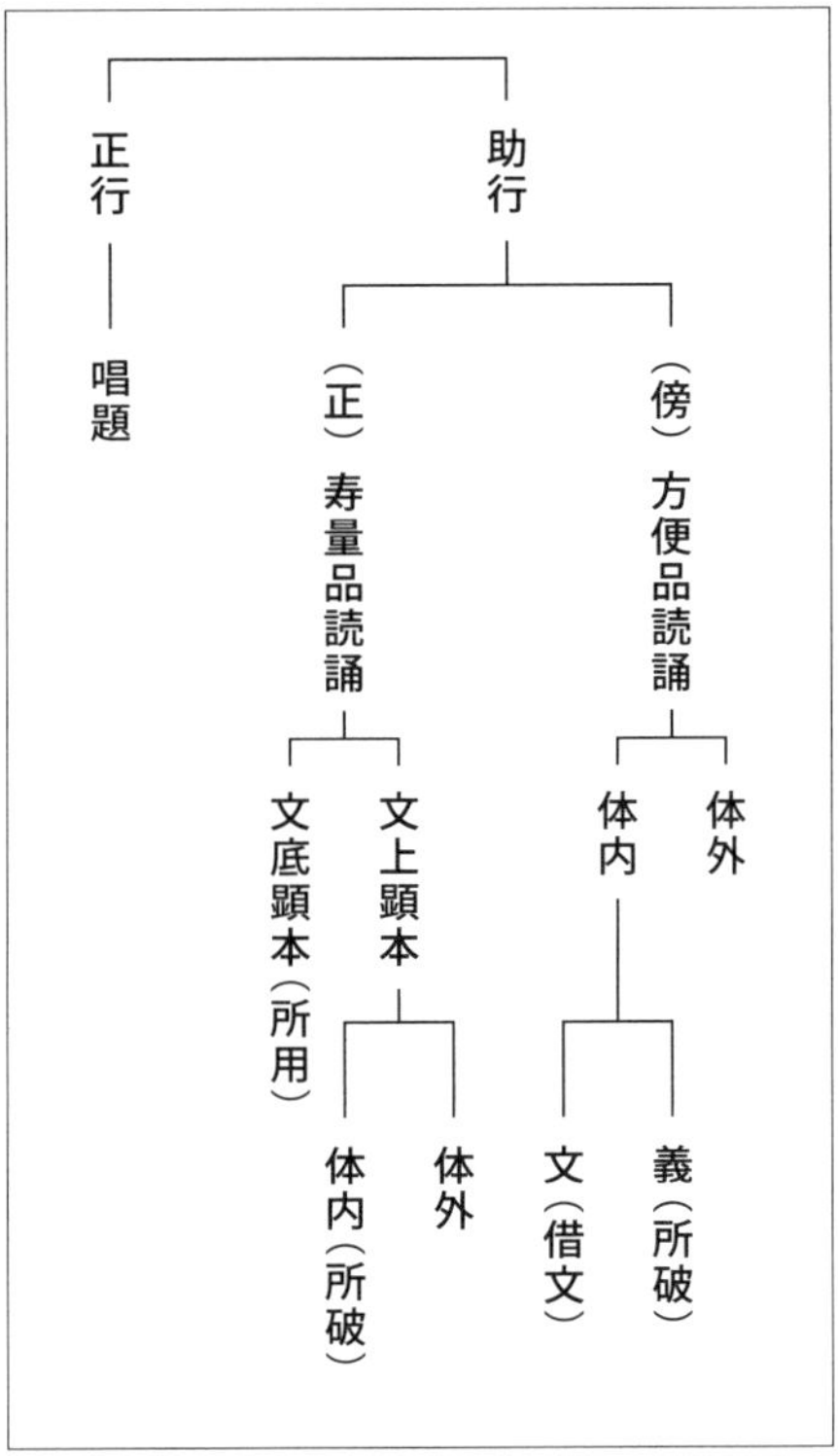

正行と助行

と仰せられ、洗濯の時に洗剤を加えて水の助けとし、また食事の時に主食の味を調味料で補うように、唱題（正行）の功徳を助け顕すのが、方便品・寿量品の読誦（助行）であることを御指南されています。

大聖人・日興上人の化儀

日寛上人は、

「但吾《ただわ》が富山《ふさん》のみ蓮祖所立《しょりゅう》の門流なり。故に開山已来《いらい》化儀化法、四百余年全く蓮師の如し。故に朝暮の勤行は但両品に限るなり」

（当流行事抄・六巻抄一九三㌻）

と仰せのように、本宗は、宗祖大聖人・第二祖日興上人が行じられたお姿を、そのまま現在に伝えています。

このことを第六十七世日顕上人は、

「本宗の行法は、全部日興上人のところから、まったく変わらずその通りで来れてるんです。その日興上人は大聖人様が毎日行じ給うお姿をそのまま承《う》けられています。故に我々の朝晩の勤行の姿は、大聖人様が毎日なさった勤行のお姿なんです」（大白法・平成九年九月一日号）
と御指南されています。

導師の役割

勤行において、導師は同座の人々を導くという役割があります。導師を務める人は、その役割を自覚し、他の模範となるようにしっかりと勤めることが大切です。

また、共に勤行する人は、読経を乱さないよう留意し、導師と唱和するよう努めましょう。

鈴《りん》について

第九世日有上人は、鈴を打つことについて、

「法報応の三身を請し奉らんとして三つ打つべきなり」

（有師談諸聞書・富要二―一四一ページ）

と仰せられ、久遠元初の無作三身・末法の御本仏大聖人を請じ奉るために鈴を打つと御指南されています。

また、勤行の初座において鈴を打たないことについて、日有上人は、

「天の御経の時・金《かね》を打たざる事は垂迹《すいじゃく》々々と沙汰して候なり（中略）仏は本地・神は垂迹にて候なり、今は天なんどをば垂迹々々と沙汰申し候、さて鐘《かね》を打たざるなり」（同一五八ページ）

と仰せられ、諸天善神は御本仏の垂迹である故に、初座は鈴を打たないと御指南されています。

二座以降は、方便品の読誦を始める時に七打、方便品の読誦を終わって寿量品の読誦に入る際に三打、引き題目のあとには五打します。五座では、寿量品読誦を終えて唱題に入る時は七打、唱題を終える時に五打するのが基本です。

鈴を打つタイミング等は、寺院の勤行に参詣して習得するようにしましょう。

引き題目

初座から四座までは、読経のあとに引き題目を唱えます。これには、唱題の功徳を一天四海乃至、法界全体に遍満させるとともに、化他・折伏の意義から九界の一切衆生を妙法の大功徳へと誘引して利益するという意義があります。

五座の形式

総本山大石寺では、御開山日興上人以来、歴代の御法主上人により、一日も欠か

丑寅勤行（勤行衆会）

すことなく丑寅の時刻に勤行が行われ（午前二時半～四時）、広宣流布の御祈念がなされています。

丑寅勤行は当初、天壇（諸天供養を行う所）・本堂・御影堂・客殿・墓所《むしょ》等を回って、読経・唱題が行われていましたが、江戸時代初期より、客殿一カ所において五座の形式をもって行われるようになり、現在に至っています。

五、各座の意義

ここでは、勤行で行う各座の意義について学びます。

初座―諸天供養

初座では、東天に向かい、正しい仏法とその信仰者を昼夜にわたって守護する諸天善神に対し、妙法の法味を捧げます。

法華経安楽行品第十四には、

「諸天昼夜に、常に法の為の故に、而《しか》も之《これ》を衛護《えいご》す」（法華経三九六ページ）

と説かれ、また日蓮大聖人が、

「一乗妙法蓮華経は諸仏正覚の極理、諸天善神の威食《いじき》なり」

（平左衛門尉頼綱への御状・御書三七三ﾍﾟｰｼﾞ）

と仰せのように、諸天善神は、妙法の法味を捧げる法華経の行者を守護するのです。

第六十七世日顕上人は、

「勤行において必ず諸天を礼拝して法味供養を捧げ（中略）その功徳によって諸天が力を得て行者を必ず守護するという実相がある（中略）この行は大聖人様から日興上人への御相伝に存する」（大日蓮・昭和六一年六月号七三ﾍﾟｰｼﾞ）

と仰せられ、初座において東天に向かう由縁が、大聖人以来の御相伝に存することを御指南されています。

二座―本尊供養・三座―三師供養

二座・三座では、下種三宝に対し御報恩謝徳申し上げます。

仏法においては、衆生が帰依すべき信仰の対象として、仏法僧の三宝が立てられます。仏とは真実の法を覚知し、衆生を救済される仏法の教主、法とは仏の悟られた教法、僧とはその教法を譲り受け、後世に正しく護り伝えていくことを言います。この三つは、いずれも一切衆生を救済し、世を安穏《あんのん》に導く最高の宝であることから、三宝と言うのです。

本宗では、第二十六世日寛上人が、

「須《すべから》く文底下種の三宝を信ずべし。是《こ》れ則《すなわ》ち末法適時《ちゃくじ》の信心なり」

（当流行事抄・六巻抄一九四ジペー）

と御指南のように、文底下種の三宝、すなわち久遠元初の仏法僧を信仰します。久遠元初の仏宝とは、久遠即末法の御本仏・宗祖日蓮大聖人です。久遠元初の法宝とは、御本仏が悟られた南無妙法蓮華経であり、その当体は大聖人が御図顕された本門戒壇の大御本尊です。久遠元初の僧宝とは、大聖人より唯授一人の血脈を承継された第二祖日興上人を随一とし、日目上人以下、血脈付法の御歴代上人も僧宝となります。

以上の意義から、勤行の二座では、本門戒壇の大御本尊に対して、また三座では

宗祖日蓮大聖人、第二祖日興上人、第三祖日目上人以下の御歴代上人に対して御報恩謝徳を申し上げるのです。大聖人が、

「法をこゝろえたるしるしには、僧を敬ひ、法をあがめ、仏を供養すべし」
(新池御書・御書一四六一ページ)

と仰せのように、私達の勤行は、文底下種の三宝を尊び敬う御報恩謝徳の実践なのです。

四座―広宣流布祈念

四座では、まず広宣流布の御祈念をします。

総本山大石寺では、日興上人以来、代々の御法主上人によって一日も欠かすことなく丑寅勤行が行われ、広宣流布の御祈念がなされています。私達も勤行の四座で広宣流布を御祈念し、その達成のために精進することをお誓いするのです。

次に、自身の謗法罪障消滅・信心倍増等、諸々の御祈念をします。

五座—回《え》向《こう》

五座では、過去帳記載の大聖人の御事蹟および御歴代上人の御命日忌に当たっての御報恩謝徳、先祖代々・有縁の諸精霊《しょうりょう》に対する追善回向をします。

回向とは回転趣向《えてんしゅこう》の意で、仏道修行の功徳善根を他人に回《めぐ》り向かわしめることを言います。大聖人は、

「今《いま》日蓮等の類聖霊《たぐいしょうりょう》を訪《とぶら》ふ時、法華経を読誦し、南無妙法蓮華経と唱へ奉る時、題目の光無間《むけん》に至って即身成仏せしむ。回向の文此より事起こるなり」（御義口伝・同一七二四ジペー）

と仰せです。すなわち、御本尊に勤行・唱題し、その功徳を回向することによって、精霊は即身成仏の境界を得られるのです。

また、大聖人が『刑部《ぎょうぶ》左衛門尉女房御返事』に、

「父母に御孝養の意あらん人々は法華経を贈り給ふべし」（同一五〇六ジペー）

と仰せのように、法華経をもって回向することは、有縁の精霊を成仏に導く最高の孝行となることを心得ましょう。

最後に、

「乃至法界平等利益《ないしほうかいびょうどうりやく》　自他倶安同帰寂光《じたぐあんどうきじゃっこう》」

と観念します。これは法華経に、

「願わくは此の功徳を以《もっ》て　普《あまね》く一切に及ぼし　我等と衆生と　皆共に仏道を成《じょう》ぜん」（化城喩品第七・法華経二六八㌻）

と説かれるように、勤行の最後に、その功徳を宇宙法界の一切衆生に平等に回らして、自他ともに寂光土（成仏の境界）に帰入《きにゅう》するように御祈念するのです。

最後に、題目を三唱して勤行を終わります。

地涌《じゆ》の眷属《けんぞく》として

大聖人が、

「今日《いま》蓮等の類《たぐい》南無妙法蓮華経と唱へ奉る者は皆地涌の流類《るるい》なり」
（御義口伝・御書一七六四ジペー）

と仰せのように、大聖人の仏法を信仰する私達は、地涌の菩薩の眷属です。

地涌の菩薩の行体について法華経に、

「勤行精進して、未《いま》だ曽《かつ》て休息《くそく》せず」（従地涌出品第十五・法華経四二〇ジペー）

と説かれるように、私達は地涌の菩薩の眷属として、自身の成仏はもとより、全世界の一切衆生救済のために勤行を欠かすことなく、常に精進してまいりましょう。

六、勤行の仕方

次に、勤行の具体的な行い方について説明します。

朝―五座の勤行

勤行の開始に当たり、まず御本尊に向かって題目を三唱します。

○初座―諸天供養

①東方に向きを変え、題目三唱（初座では鈴を打たない）。

②「妙法蓮華経方便品第二」と方便品の題号を読み、続いて「爾時世尊。従三昧」から「所謂諸法。如是相。如是性…本末究竟等」までを読誦《どくじゅ》します。

※「所謂諸法。如是相。如是性…本末究竟等」の箇所は、三回繰り返して読みます。

※方便品の読経は、二座以降も同様に行います。

③続いて「妙法蓮華経如来寿量品第十六」と寿量品の題号を読み、自我偈（「自我得仏来…速成就仏身」の部分）を読経します。

④引き題目を三回唱えます。

［引き題目の唱え方］

「ナームー、ミョーホーレーンゲーキョーナームー、ミョーホーレーンゲーキョーナームー、ミョーホーレーンゲーキョー」とゆっくり唱える。

⑤題目三唱。

⑥初座の観念文を黙読して念じます（経本参照）。

⑦題目三唱（初座終了）。

○二座―本尊供養

①御本尊に向き直って鈴を打ち（七打）、初座と同様に方便品を読誦します。終わって鈴を打ちます（一打）。

②寿量品の題号を読み、鈴を打ちます（二打）。続けて「爾時仏告。諸菩薩及」から自我偈の最後まで読経します（「爾時仏告。諸菩薩及」から自我偈の前の「爾説偈言」までを長行《じょうごう》と言います）。

③引き題目を三回唱え、鈴を打ち（五打）題目三唱。

④二座の観念文を黙読して念じます（経本参照）。

⑤題目三唱（二座終了）。

○三座―三師供養

①鈴を打ち（七打）、方便品を読誦します。終わって鈴を打ちます（一打）。

②寿量品の題号を読み、鈴を打ちます（二打）。続けて自我偈を読誦します。

③引き題目を三回唱え、鈴を打ち（五打）題目三唱。

④三座の観念文を黙読して念じます（経本参照）。
⑤題目三唱（三座終了）。

○四座―広宣流布の祈念・個人の諸祈念

①三座と同じように、方便品と寿量品の自我偈を読誦します。
②引き題目を三回唱え、鈴を打ち（五打）題目三唱。
③四座の観念文を黙読して念じます（経本参照）。
④題目三唱（四座終了）。

○五座―回向

①三座と同じように、方便品と寿量品の自我偈を読誦します。
②読経終了後、鈴を打ち（七打）、唱題に入ります。
③唱題終了時、鈴を打ちます（五打）。題目三唱。
④鈴を打ちながら観念回向します。

⑤先祖代々の諸精霊に対する追善回向（五座の観念文を黙読して念じ、鈴を連打します）。

⑥回向終了とともに、鈴を打ち終わり、題目を三唱します。

⑦「乃至法界平等利益　自他倶安同帰寂光」と念じます。

⑧鈴三打ののち、題目三唱し、勤行を終了します。

タ―三座の勤行

タ（三座）の勤行は、題目三唱ののち、五座の勤行のうちの二座・三座・五座を行います。

[過去帳での回向]

イ、過去帳記載の御歴代上人への御報恩謝徳。御歴代順に、
「総本山第○世○○上人　御命日忌　御報恩謝徳（祥月の場合は『御正当会《ごしょうとうえ》御報恩謝徳』）の御《おん》為に　南無妙法蓮華経」

と念じ、鈴を一打します。

ロ、過去帳記載の日蓮大聖人の御事蹟に対する御報恩謝徳。
（例）「文永八年九月十二日　宗祖日蓮大聖人竜口《たつのくち》御法難　御報恩謝徳の御為に　南無妙法蓮華経」と念じ、鈴を一打します。

ハ、過去帳記載の故人（大聖人の御両親・大石寺開基檀那南条時光殿も含む）に対する追善回向。
「○○○○信士（信女）／俗名○○○○の霊　命日忌（祥月の場合は『祥月命日忌』）追善供養の為に　南無妙法蓮華経」

と念じ、鈴を一打します。

御歴代上人の読み方

一日	日東（にっとう）上人
	日誠（にちじょう）上人
二日	日胤（にちいん）上人
三日	日穏（にちおん）上人
	日堅（にっけん）上人
	日相（にっそう）上人
四日	日時（にちじ）上人
	日影（にちえい）上人
	日忍（にちにん）上人
	日養（にちよう）上人
	日布（にっぷ）上人
五日	日精（にっせい）上人
六日	日院（にちいん）上人
七日	日興（にっこう）上人
	日底（にってい）上人
	日昌（にっしょう）上人
	日盈（にちえい）上人
	日宣（にっせん）上人
	日滿（にちまん）上人
八日	日禮（にちれい）上人
	日荘（にっそう）上人
九日	日英（にちえい）上人
十日	日阿（にちあ）上人
十一日	日忠（にっちゅう）上人
	日嚴（にちごん）上人
十二日	日舜（にっしゅん）上人
	日教（にっきょう）上人
十三日	日行（にちぎょう）上人
十四日	日啓（にっけい）上人
	日因（にちいん）上人
	日文（にちもん）上人
	日昇（にっしょう）上人
十五日	日目（にちもく）上人
	日應（にちおう）上人
十七日	日主（にっしゅ）上人
	日恭（にっきょう）上人
	日淳（にちじゅん）上人
十八日	日正（にっしょう）上人
十九日	日寛（にちかん）上人
二十日	日乘（にちじょう）上人
	日泰（にったい）上人
	日顕（にっけん）上人
二十一日	日就（にちじゅ）上人
	日典（にってん）上人
	日開（にちかい）上人
二十二日	日珠（にっしゅ）上人
	日達（にったつ）上人
二十三日	日亨（にちこう）上人
二十四日	日鎮（にっちん）上人
	日永（にちえい）上人
	日霑（にちでん）上人
	日隆（にちりゅう）上人
二十五日	日詳（にっしょう）上人
	日任（にちにん）上人
	日盛（にちじょう）上人
二十六日	日道（にちどう）上人
	日元（にちげん）上人
	日眞（にっしん）上人
	日琫（にっぽう）上人
	日柱（にっちゅう）上人
二十七日	日調（にっちょう）上人
二十八日	日宥（にちゆう）上人
二十九日	日有（にちう）上人
	日俊（にっしゅん）上人
	日量（にちりょう）上人
三十日	日純（にちじゅん）上人

過去帳は翌日のページを開き、回向では「御逮夜《おたいや》御報恩謝徳（御歴代上人）」「逮夜追善供養（故人）」と念じます。

二人以上で勤行を行う場合

二人以上で勤行を行う時は、一人が導師を務め、他の人は導師に唱和します。この時には、以下のことに注意しましょう。

①勤行開始時と終了時の題目三唱、また各座における引き題目では、導師が最初の「南無」を唱え、他の人はそのあとに続いて唱和します。

②方便品・寿量品の題号と、各座における題目三唱は導師が声を出して唱え、他の人は合掌して頭を下げ、声を出さずに心の中で唱えます。

③題目三唱は「南無妙法蓮華経、南無妙法蓮華経」と二回続けて唱え、いったん切ってから三回目の「南無妙法蓮華経」を唱えます。

寺院参詣で正しい勤行を習得しよう

自分だけで勤行を行っていると、読経・唱題の仕方や鈴を打つタイミングなど、我流になりやすいものです。私達は信心の道場である寺院に参詣し、御住職・御主管のもとで勤行を行い、正しい勤行の仕方を身につけるよう心掛けましょう。

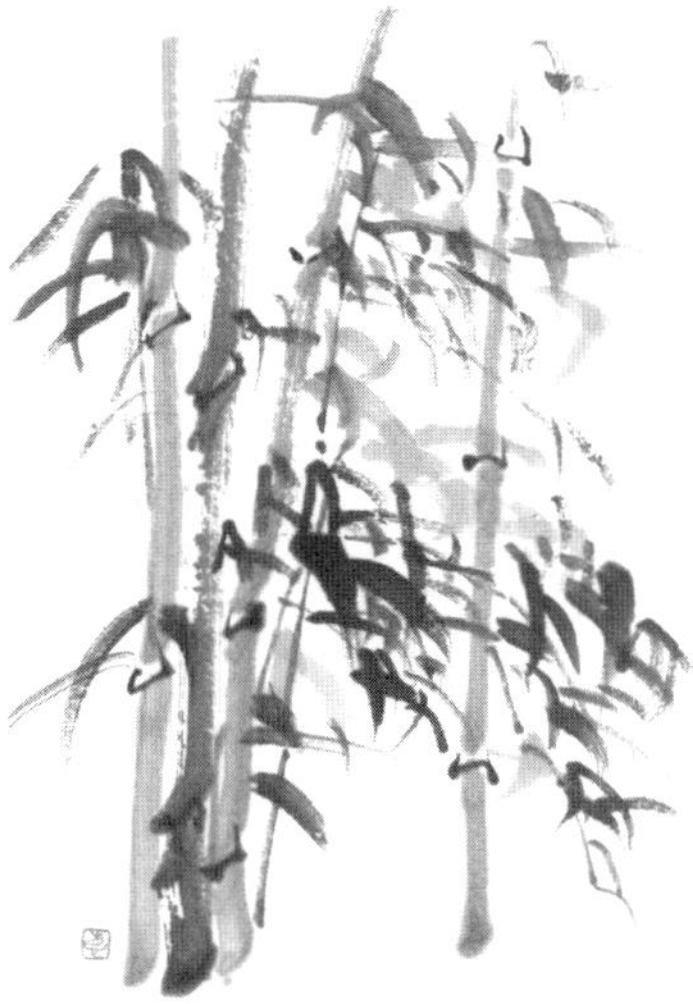

七、臨終の大事

先《ま》ず臨終を習ふべし

日蓮大聖人の仏法は、三世にわたる生命の実相を説き明かし、一切衆生を成仏に導く最極《さいごく》円満の教えです。『上野殿後家尼御返事』に、

「いきて《生》をはしき時は生の仏、今は死の仏、生死ともに仏なり。即身成仏と申す大事の法門これなり」（御書三三六ページ）

と仰せのように、私達は大聖人の仏法を信仰し、仏道修行に励むことにより、現当二世（現世と来世）の即身成仏を果たし、また故人をも救うことができるのです。

現代の人々は、死を不吉なものとして恐れ、考えることを避けているように見え

ます。しかし、大聖人が『妙法尼御前御返事』に、

「人の寿命は無常なり（中略）かしこ《賢》きも、はかなきも、老いたるも若きも、定め無き習ひなり。されば先づ臨終の事を習ふて後に他事を習ふべし」

（同一四八二ページ）

と御教示されるように、生を受けた者は必ず死を迎えるのですから、まず臨終について学ぶことが大切です。その上で「生きる」ことについて考えるならば、有意義な人生とは何か、どのように生きればよいのかということを真剣に思《し》索《さく》し、ひいては妙法の信行に励んで即身成仏を果たすことができるのです。

臨終の相

大聖人は『妙法尼御前御返事』に、

「大論に云はく『臨終《りんじゅう》の時色黒きは地獄に堕《お》つ』等云云（中略）天台大師の摩《ま》訶《か》止《し》観《かん》に云はく『身の黒色は地獄の陰を譬《たと》ふ』等云云（中略）大論に云はく

『赤白端正《しゃくびゃくたんじょう》なる者は天上を得る』云云」（同ジペー）

と諸論を引かれ、また、

「人は臨終の時、地獄に堕つる者は黒色となる（中略）善人は（中略）色黒き者なれども、臨終に色変じて白色となる」

（千日尼御前御返事・同一二九〇ジペー）

と仰せられて、臨終における成仏・不成仏の相について御教示されています。私達は、人生の最期《さいご》に安らかな臨終の相を現すことができるよう、不退の信行を貫いていきましょう。

臨終正念

最期まで妙法の信心に住し、南無妙法蓮華経と唱えて死を迎えることを臨終正念と言います。第二十六世日寛上人は、臨終について多念《たねん》の臨終と刹那《せつな》の臨終を示されています。

①　多念の臨終

日寛上人は、

「多念の臨終と云ふは日は今日、時は唯今《ただいま》と意《こころ》に懸《か》けて行住坐臥《ざが》に題目を唱ふるを云ふ也（中略）臨終の一念は多年の行功《ぎょうく》に依《よ》ると申して不断の意懸けに依る也」（臨終用心抄・富要三―二五九㌻）

と御指南されています。

木が倒れる時には、必ずその木が傾いている方向に倒れます。これと同様に、私達は常日ごろから不断の信行を積み重ねておくことによって、いざという時に自然と題目を唱えることができるのです。普段から唱題をしない人が、臨終の時だけ題目を唱えようとしても無理というものです。大聖人が『生死一大事血脈抄』に、

「臨終只今にあり」（御書五一三㌻）

と仰せのように、私達は平生《へいぜい》から臨終の心構えを持って唱題に励んでまいりましょう。

② 刹那《せつな》の臨終

日寛上人が、

「刹那の臨終と云ふは最期臨終の時也、是《こ》れ最も肝心也」

（臨終用心抄・富要三―二五九ジ）

と仰せのように、刹那の臨終とは、まさに臨終の一瞬を言います。

大聖人が『妙法尼御前御返事』に、

「最後臨終に南無妙法蓮華経ととなへ（唱）させ給ひしかば、一生乃至無始の悪業《あくごう》変じて仏の種となり給ふ。煩悩即菩提《ぼんのうそくぼだい》、生死即涅槃《しょうじそくねはん》、即身成仏と申す法門なり」

（御書一四八三ジ）

と御教示されるように、この臨終の刹那に平生の仏道精進が一遍の題目となって現れれば、即身成仏は疑いありません。

また日寛上人は『大智度論』を引かれて、

「臨終の一念は百年の行力に勝《すぐ》れたり」（臨終用心抄・富要三―二六八ジ）

と仰せられ、臨終に唱える題目の功徳は、計り知れないほど大きいと御指南されています。

臨終に心を乱すもの

臨終には、様々な障礙《しょうげ》が正念を妨げるため、臨終正念は容易ではありません。日寛上人は、臨終に心が乱れる理由を三点、示されています。

① 断末魔《だんまつま》の苦の故

諸経論には、人が息を引き取る時に、断末魔の風というものが体内を吹き抜け、千の刀に身を刺されるような苦しみを受けると言われています。これは、生前に非難することを好み、人の心を傷つけることによるとされ、善業のある者は苦悩が少ないとされます。

日寛上人は、断末魔の苦によって心を乱されない用心として、普段から他人を非難して傷つけないよう心掛けること。我が身は地水火風の四大が仮りに和合した存在であり、この四大が法界に帰るのが死であると覚悟すること。常に御本尊と境智《きょうち》冥合《みょうごう》する唱題行に励むこと、が大事であると御指南されています。

②　魔障の故

大聖人が『治病大小権実違目《いもく》』に、

「三障四魔と申すは権経を行ずる行人の障《さわ》りにはあらず。今《いま》日蓮が時具《つぶさ》に起これり（中略）御臨終の御時は御《おん》心へ有《得》るべく候」（御書一二三八㌻）

と仰せられ、また『兄弟抄』に、

「魔競はずば正法と知るべからず」（同九八六㌻）

と仰せのように、正法を信仰する私達が臨終を迎えようとする時に、成仏させまいと魔が競い起こるのは当然とも言えます。

日寛上人は、臨終に際して、たとえ諸仏が迎えに来るような善相を見てもむやみに喜ぶことなく、逆に諸悪が身に迫ってこようとも恐れることなく、ただ心静かに題目を唱えることが大事であると教えられています。

③ 妻子眷属《けんぞく》の歎《なげ》きと財宝等に執着する故

遺族が大切な家族の死を悲しむのは当然のことですが、いたずらに歎き悲しむ声は、臨終者の心を乱してしまいます。説話には、臨終の際に妻を哀れんだ者が、死後に妻の鼻の中に住む虫に生まれたり、隠した財宝を思いながら死んだ者が、死後その財宝に巣くう蛇と生まれたことなどが伝えられています。

大聖人は『上野殿後家尼御返事』に、

「故聖霊《しょうりょう》は此《こ》の経の行者なれば即身成仏疑ひなし。さのみなげき給ふべからず。又なげき給ふべきが凡夫のことわりなり」（同三三八ページ）

と仰せられています。妙法の信仰を貫いた人は、御本尊の大功徳によって必ず成仏を遂げることができるのですから、家族は、当人が安らかに成仏できるよう、共に題目を唱えることが肝要です。

なお財産等については、生前に遺言等を用意して心残りのないようにしておき、また家族は、臨終者が執着する物を当人に見せないよう留意しましょう。

臨終の作法

臨終の時には、だれしも冷静になることが難しいものです。したがって当人・家族共に、その時になって困らないように、前もって臨終の正しい作法を心得ておくことが大切です。

ここでは、第二十六世日寛上人の『臨終用心抄』『妙法尼抄記』の御指南より、正しい臨終の作法を学びます。

臨終の状況は様々ですから、必ずしも御指南の作法通りにできない場合もありますが、可能な限り準ずるよう努めることが大切です。なお、臨終に際しては、できる限り早い段階で所属寺院に連絡し、御住職・御主管の指示を仰ぎましょう。

①臨終を迎える場所は清浄にし、御本尊を安置して香華《こうげ》や灯明《とうみょう》を供えることが理想です。自宅では御本尊を安置している部屋が望ましいでしょう。

②臨終を迎える人が、様々な障礙《しょうげ》に襲われて題目を唱えることを忘れないよう

に、そばにいる人が勧めてあげることが大切です。日寛上人は、

「其《そ》の勧め様は唯《ただ》題目を唱ふる也」（臨終用心抄・富要三―二六四㌻）と仰せられ、枕元で、当人の呼吸に合わせてゆっくりと唱題することが、臨終正念《しょうねん》を勧めることになると御指南されています。

このことから、私達が元気なうちから、「臨終の時には題目を唱えるよう勧めてほしい」と家族に頼んでおくことも、臨終正念のための大事な用心の一つと言えます。

③当人のそばでは、特に当人が腹を立てたり、執着しそうな話は厳に慎《つつし》むべきです。

④当人が何か質問してきたら、当人の心を乱さないよう注意して返事をします。

⑤当人の目に触れる所に、日ごろから大切にしていた物等、気を引きそうな物を置かないようにします。

⑥当人に対し、「様々な想いが起こってきても、何事も夢のようなものと思って忘れ、南無妙法蓮華経と唱えましょう」と唱題を勧めます。

⑦当人が好まない人は、近づけないようにします。また、見舞いに訪れた人のことを、いちいち当人に伝える必要はありません。

⑧騒々《そうぞう》しくなって当人の心を乱さないように、枕元に付き添う人数は、なるべく多くならないようにしましょう。

⑨肉類や五辛（にら・にんにく・はじかみ・ねぎ・らっきょう）など、臭《にお》いの強い食物を食べた人や酒に酔った人は、親しい人でも当人に近づけないようにします。

⑩時折、脱脂綿等に水を含ませ、少しずつ当人の口をうるおしてあげます。

⑪いよいよ臨終と思われる時には、当人に御本尊を拝させ、耳元で「日蓮大聖人が迎えにきてくださいます。題目を唱えましょう」と勧め、当人の呼吸に合わせて一緒に唱題をします。

⑫断末魔の苦しみが起こった時には、指を一本触れただけでも、大きな岩を投げつけられたほどの苦痛を受けるとされますから、臨終を看取《みと》る人は、けっして荒々しく介護をしてはいけません。当人が臨終の時に瞋恚《しんに》を起こせば、悪道に

堕ちる原因となってしまいます。

以上、臨終の作法に関する御指南を挙げましたが、日寛上人はその心得について、

「総じて臨終の時には、当人に御本尊以外は見せるべきでなく、妙法の声以外は聞かせるべきでない」（同二六五ジペー取意）

と御指南されています。

日寛上人の御遷化

享保《きょうほう》十一（一七二六）年の春、既に御自身の臨終が近いことを悟られていた日寛上人は、江戸の僧俗に対する『観心本尊抄』の御講義終了に当たり、たわむれのように、

「羅什《らじゅう》三蔵の舌が焼けなかった故事にちなんで、日寛も一つ言い残すことがあ

る。私は臨終の時に、好物である蕎麦《そば》を食べ、唱題をするうちに死ぬであろう。もしその通りにならなければ、私の言葉は信じなくてよい。しかし、もしその通りになったときは、私の語った法門は宗祖大聖人の御意と全く違わないと思いなさい」（日寛上人伝一七ページ取意）

と仰せられました。

同年三月、総本山に帰られた日寛上人は、五月に第二十八世日詳上人に金口嫡々《こんくちゃくちゃく》の血脈相承をあそばされ、徐々に衰えるお身体をおして、総本山および後代の御法主への寄金、五重塔の造営基金の準備、常唱堂の建立など、後事の手配をすべて済まされました。

そして、同年八月、法衣を着て駕篭《かご》に乗られ、御影堂・墓所《むしょ》で読経・唱題されたあと、時の御法主日詳上人、御隠尊日宥《ゆう》上人をはじめ有縁の方々に別れ

寛師会（日寛上人祥月命日忌法要）でお供えされる蕎麦

の御挨拶をなされ、職人に棺桶《かんおけ》を造らせました。

八月十八日の深夜、日寛上人は侍者《じしゃ》に命じて御本尊を奉掲し、香華灯明を捧《ささ》げて、間もなく死を迎えることを告げられ、臨終に際しての指示をされたあと、末期《まつご》の一偈一首を認《したた》められました。

「本地水風　凡聖常同　境智互薫　朗然臨終（本地の水風　凡聖常に同じ　境智互《たがい》に薫《くん》じ　朗然《ろうねん》として終《つい》に臨《のぞ》む）」（同二九ページ）

「末の世に　咲くは色香は　及ばねど　種はむかしに　替らざりけり」（同ページ）

そして直ちに蕎麦を作るよう命じられ、侍者が蕎麦を差し上げると、それを七箸召し上がり、にっこりと笑みを含まれて、

「ああ面白《おもしろ》きかな寂光の都は」（同三〇ページ）

と仰せられました。その後、うがいをされて御本尊に向かわれ、一心に題目を唱え、翌十九日辰の刻（午前八時）、半眼半口《はんく》にして眠るように、安祥《あんじょう》として御遷化あそばされたのです。

このように、日寛上人は御遷化に際し、生前の御自身のお言葉が正しいことを証明されるとともに、後世の私達に臨終正念の大事を示されたのです。

日寛上人の位牌（常唱堂）

八、日蓮正宗の葬儀

世間では、葬儀を営む際の宗旨はなんでもよいと、簡単に考えている人が多いようです。

しかし、故人が今世の生涯を終え、来世に臨む境目《さかいめ》となる時に営まれる葬儀は、故人の成仏・不成仏を左右する大切な儀式です。したがって、この儀式を執り行う宗旨を「なんでも構わない」と考えることは誤りです。

私達は、正しい宗教、すなわち仏教の肝要である寿量文底下種の南無妙法蓮華経によってのみ、故人の成仏と、来世の幸福がかなうことを知らなくてはなりません。

かつて、葬儀の在り方について、第九世日有上人は、

「霊山《りょうぜん》への儀式なるが故に、他宗他門・自門に於いても同心なき方をばアラ《荒》

ガキ《垣》の内へ入るべからず、法事なるが故なり」（化儀抄・聖典九八一ジペー）と御指南され、本来は、謗法・異信の人は入れず、異体同心の人によって執り行われていました。

私達は、この日有上人の御指南を体した上で、生前にできる限り親族を折伏して正しい信心を持たせることが大事です。また現代は、未入信の会葬者が多いこともあり、正法正義に基づく葬儀を見せて折伏に努めることが大切となるのです。

故人が未入信の場合

日蓮大聖人は『御義口伝』に、

「今《いま》日蓮等の類《たぐい》聖霊を訪《とぶら》ふ時、法華経を読誦《どくじゅ》し、南無妙法蓮華経と唱へ奉る時、題目の光無間《むけん》に至って即身成仏せしむ」（御書一七二四ジペー）

と仰せられ、正法を信仰する人が追善供養のために読経・唱題するならば、その題目は光となって最底の地獄である無間地獄まで届き、故人を即身成仏させることができると御教示されています。

このように、たとえ故人が未入信であっても、願主となる遺族が本宗信徒であれば、本宗の葬儀を行って、故人を即身成仏に導くことができるのです。

遺族が未入信の場合

次に、故人は本宗の信徒で、遺族が未入信の場合について、日有上人は、

「縦《たと》い昨日まで法華宗の家なりとも孝子施主等が無くんば仏事を受くべからず、但し取骨《しゅこつ》までは訪《とぶ》ろうべし」（化儀抄・聖典九八九ページ）

と御指南されています。つまり、信心を受け継ぐ子女がいない場合、故人の生前の信心により、枕経・通夜・葬儀・火葬・収骨（骨上げ）までは、本宗で執り行うことができますが、それ以降の追善供養の法要は、執り行うことができません。

追善供養は遺族が願主となって行うもので、その遺族が未入信ならば、謗法者からの願い出となり、受け付けることができないのです。

したがって、生前における法統《ほっとう》相続がまことに大切となるのです。

導師御本尊について

葬儀の際に奉掲される導師御本尊は、故人を即身成仏に導いてくださる御本尊です。

大聖人は『妙法曼陀羅《まんだら》供養事』に、

「此の曼陀羅は文字は五字七字にて候へども、三世諸仏の御師、一切の女人の成仏の印文《いんもん》なり。冥途《めいど》にはともしびとなり、死出《しで》の山にては良馬《りょうめ》となり、天には日月《にちがつ》の如し、地には須弥山《しゅみせん》の如し。生死海の船なり。成仏得道の導師なり」
（御書六八九ジペー）

と御教示されています。

導師は大聖人の御名代《みょうだい》

葬儀には、所属寺院より僧侶を導師としてお迎えします。

大聖人は『上野殿御返事』に、

「とにかくに法華経に身をまかせ信ぜさせ給へ（中略）御臨終のきざみ、生死の中間《ちゅうげん》に、日蓮かならずむ迎《かい》にまいり候べし」（御書一三六一ページ）

と御教示されています。この御文について、第五十九世日亨上人は、大聖人の御弟子である僧侶が御名代として葬儀の導師を勤められることが、大聖人が迎えにきてくださる意義に当たることを御指南されています。

私達は、導師を大聖人の御名代と拝してお迎えすることが肝要です。

地域の風俗・習慣やしきたり

葬儀に関わる風俗や習慣、しきたりも、地域によって様々です。それらのうちで、他宗の教えを起源とするものについては、私達は本宗の謗法厳誡の上から厳格に排除しなければなりません。しかし、謗法でない事柄は、地域の習慣を用いることもあります。

大聖人は『月水御書』に、

「仏法の中に随方毘尼《ずいほうびに》と申す戒の法門は是《これ》に当たれり。此《こ》の戒の心は、いたう《甚》事かけ《欠》ざる事をば、少々仏教にたが《違》ふとも、其の国の風俗に違《たが》ふべからざるよし、仏一つの戒を説き給へり」（御書三〇四ページ）

と仰せられ、地域の習慣等が仏法に由来しないものであっても、謗法に当たらなければ用いても構わないと御教示されています。

末期《まつご》の水

末期の水とは、臨終を迎えようとする時、その口に含ませる水のことで、死水《しにみず》とも言います。

一般には、臨終者とのつながりの深い人から順に、樒《しきみ》の葉や脱脂綿等に水をつけ、軽く唇をうるおす程度に含ませます。

通夜・葬儀の準備

① 寺院への連絡

故人が息を引き取ったならば、まずその旨を所属寺院に連絡し、今後の予定等について相談しましょう。

② 葬儀社との打ち合わせ

今日では、通夜・葬儀の準備、進行等を葬儀社に依頼するのが一般的となっています。

葬儀社と日程や式場・斎場（火葬場）・式次等を打ち合わせる時に、必ず日蓮正宗の化儀による葬儀を執り行うことを伝えます。必要ならば、葬儀社から寺院に連絡してもらい、指示を受けましょう。

③ 枕　経

当人が息を引き取ったあと、北枕に直し、図のように枕元に経机・三具足・鈴を調え、枕経を行います。

枕経は、御住職・御主管を導師にお迎えし、導師御本尊を奉掲して行うのが本来の在り方です。たとえ、そのようにできない場合でも、遺族によって枕経を修するようにしたいものです。

【北　枕】

遺体を、頭を北に向けて寝かせることを北枕と言います。釈尊の涅槃の姿が、頭を北に向け、右脇を下にして臥《ふ》した姿勢であったと伝えられることが起源のようですが、本宗においては、御本尊が南面して御安置される故であるとも拝されます。もし、部屋の状況等で北枕にできない場合には、必ずしも固執する必要はありません。

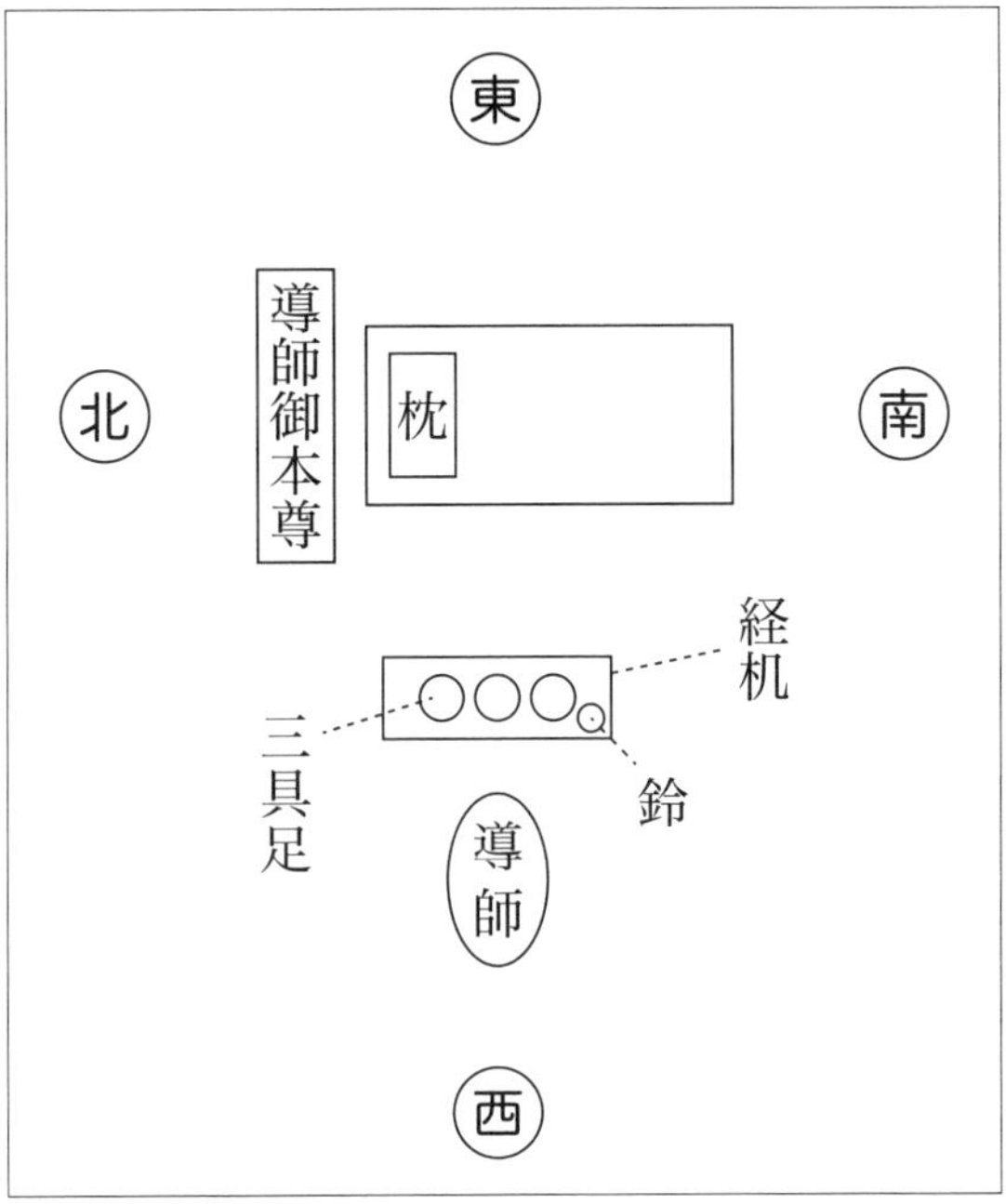

【枕飾り】

一般に枕飾りは、三具足に加え、故人のための水、一膳飯《いちぜんめし》、また地域によっては枕団子《まくらだんご》を供えます。一膳飯は、御飯茶碗に御飯を丸く盛り付け、箸をまっすぐに立てたものです。枕団子は、三方や皿に半紙などを敷き、その上に小さな白い団子を中高《なかだか》に盛ったものです。

以上、基本的な事柄を述べましたが、詳しくは所属寺院に指導を仰いでください。

④ 喪主の決定

喪主は、一般的に通夜・葬儀の際、遺族・親族を代表して弔問者に挨拶をします。

喪主は、相続人の代表が務めるのが通例ですが、相続人が未入信の場合には、なるべく入信者に代わってもらいます。それが不可能な場合には、願主（信仰上の立場）と喪主（世間的な立場）を分けることもあります。

⑤ 日程の決定と寺院への申し込み

葬儀社を通して式場や斎場（火葬場）の都合等を確認した上で所属寺院に連絡

し、葬儀の申し込みに行きます。

申し込みには、故人の名前、生年月日等が必要であり、白木の位牌（葬儀社から受け取る）をお持ちします。

葬儀と同日に初七日忌の法要を繰り上げて行う場合は、塔婆を申し込みます。また、事情により導師御本尊を一時お貸し下げいただく場合は、講中の責任者と共に寺院に伺います。

その他、葬儀に際しての御供養の方法や導師の送迎など、所属寺院の指示を仰ぎましょう。

このの ち、親族・友人・知人等に葬儀の日程を連絡します。

湯潅《ゆかん》と納棺

湯潅とは、納棺の前に故人の遺体を湯浴《ゆあ》みさせることですが、今日では、お湯やアルコールを用いて、近親者の手で遺体を拭《ふ》き清めることが一般的となっていま

祭壇の一例

す。この際、経帷子《きょうかたびら》（木綿の白衣）を着せるのが慣《なら》わしですが、清潔な浴衣でもよいでしょう。

湯灌ののち、遺族・親族の手によって、唱題のうちに遺体を棺に納めます。故人の手を胸の上で合掌の形にして、数珠をかけさせます。

祭壇の設置

式場や祭壇は、地域の慣習や故人の社会的立場によっても異なりますが、無理をして豪華なものにする必要はありません。

この際、故人の写真等によって、導師御

本尊や位牌が隠れることのないように注意しましょう。

導師御本尊の奉掲後は、その部屋での飲食・喫煙・雑談等は慎むべきです。

なお、七本塔婆、門牌、大幡《ばん》、小幡、銘旗《めいき》などの要否は、地域の慣習によればよいでしょう。

色花の扱い

本宗では、常緑樹である樒《しきみ》を御宝前に供え、色花（生花）は供えません。あらかじめ葬儀社には、必ずその旨を伝えましょう。一般の人から色花を贈られた場合は、祭壇以外の場所に置くようにします。

導師の控え室を準備

式場には、導師が法衣に着替えられる控え室を準備します。導師が到着されたら控え室にお通しして、遺族が御挨拶します。式が終了し、導師が控え室に戻られたら、遺族が御礼の御挨拶をします。

通　夜

通夜とは文字どおり、夜通し読経・唱題をして故人の冥福を祈ることですが、現在では、導師による読経・唱題が午後七時前後に行われるのが通例となっています。その後、親族や知人等が、さらに読経・唱題を行うこともあります。

通夜の基本的な式次は次のとおりです。

一、喪主、親族等着席
一、導師出仕
一、読　経
一、焼　香
（寿量品に入ったら導師に続き、喪主・遺族・親族・会葬者の順で行う）

一、唱　題
一、観念・回向
一、題目三唱
一、導師退座

葬　儀

葬儀は通常、通夜の翌日に行います。
葬儀の基本的な式次は次のとおりです。

一、喪主、親族等着席
一、導師出仕
一、読　経（方便品・寿量品長行《じょうごう》）
一、焼　香
（寿量品に入ったら導師に続き、喪主・遺族・親族・会葬者の順で行う）

一、弔辞・弔電披露

一、読経（自我偈）・唱題

一、観念・回向

一、題目三唱

一、導師退座

お別れ・出棺

葬儀が終わり、導師御本尊を奉収したあとに出棺となります。唱題のうちに、導師・喪主・遺族・親族・会葬者の順に、棺に樒《しきみ》の小枝を入れて故人とお別れをします。

なお、葬儀に使用した樒は、その後、御本尊に供えることはできません。

葬儀と告別式

葬儀は、御本尊に故人の即身成仏を祈る信仰上の儀式であり、告別式は、生前、故人と縁のあった人々が別れを告げる世間的な儀式と言えます。今日では、葬儀と告別式を兼ねる場合が多くなっていますが、事情によって葬儀とは別に告別式を行うこともあります。このような場合でも、本宗の化儀に反しないよう、注意しましょう。

葬儀は故人の折伏の場

弔問に訪れた会葬者が、本宗の化儀に則《のっと》った厳粛な葬儀に接し、また故人の安らかな成仏の姿を目《ま》の当たりにすることは、故人が最後の折伏をしている姿であると言えます。遺族・親族は、故人の最後の折伏をお手伝いするという気持ちで、厳粛な儀式となるよう努めましょう。

火葬（荼毘《だび》）

火葬の時は、棺を火炉に入れ、荼毘の準備ができたら、通例として、炉前で読経・焼香・唱題を行います。

収骨（骨上げ）の際には、唱題のうちに遺骨を取り上げます。

なお、火葬のあとに、初七日忌法要を繰り上げて行う場合もあります。

葬儀後は、自宅の仏壇の横等に精霊台をしつらえて遺骨を安置し、七七日忌（あるいは五七日忌）の法要が終わって納骨するまで、白木の位牌を安置し、御本尊のお給仕とは別に、精霊にも三具足と水・御飯等のお供えをします。

葬儀後の回向《えこう》 ― 塔婆供養と法事 ―

葬儀のあと、初七日忌より七七日忌（四十九日忌）まで、七日ごとに寺院に参詣

して塔婆を建立し、追善回向をします。

一般に、初七日忌と七七日忌（または五七日忌）には寺院において、あるいは自宅等に僧侶を迎えて法事を営みます。

法事は故人の忌日に行いますが、当日に都合のつかない場合は、遅れることのないように繰り上げて行いましょう。前もって寺院に日程を相談し、申し込みをします。

法事を自宅で営む場合は、御本尊に仏供《ぶっく》（仏飯《ぶっぱん》）と御造酒《おみき》・菓子・季節の果物等をお供えし、精霊用のお膳があれば、肉や魚のほか、五辛《ごしん》（にら・らっきょう・ねぎ・にんにく・しょうが）を避けて精進料理を供えます。

その後の法事には、百カ日忌・第一周忌・

第三回忌・第七回忌・第十三回忌・第十七回忌・第二十三回忌・第二十七回忌・第三十三回忌・第五十回忌等があります。

戒《かい》名《みょう》

戒名は本来、仏法に帰依した時に授けられるものですが、今日では、死後、葬儀に当たって授けられるのが一般的となっています。

他宗では、布施の多寡《たか》によって戒名が決められるようですが、本宗では葬儀に際し、あくまで故人の生前の信心に基づいて戒名が授けられます。

葬儀以降、遺族・親族が故人の追善供養をする時には、戒名をもって行います。

位《い》牌《はい》

今日、一般的には、位牌に故人の魂が宿っていると考えている人が多いようです。

しかし、位牌の起源は、中国の儒家において、葬儀の際に故人の世間的地位を知らせるため、葬列の先頭で故人の官位・姓名を書いた札を捧げ歩いたことにあるとされています。

このことからも解るように、位牌に故人の魂が宿っているのではありません。また、礼拝《らいはい》の対象ともならないのです。

日蓮大聖人は『千日尼御返事』に、

「故阿仏房《あぶつぼう》の聖霊《しょうりょう》は今いづくむにかをはすらんと人は疑ふとも（中略）多宝仏の宝塔の内に、東むき《向》にをはすと日蓮は見まいらせて候」（御書一四七五ジペー）

と仰せられています。すなわち、即身成仏を遂げた故人の生命は、三大秘法の御本尊に帰入して、安穏《あんのん》な成仏の境界に住するのです。

よって本宗では、葬儀に際し、所属寺院の御住職・御主管が認《したた》められた白木の位牌を供えますが、五七日忌（三十五日忌）あるいは七七日忌（四十九日忌）の法要が終わって納骨したあと、その位牌は寺院に納め、自宅の過去帳に戒名を記載していただきます。その後、自宅では新たに位牌をしつらえて祀《まつ》ることはしません。

墓《む》所《しょ》

法華経如来神力品第二十一には、

「当知是処《とうちぜしょ》。即是道場《そくぜどうじょう》（当《まさ》に知《し》るべし、是《こ》の処《ところ》は即《すなわ》ち是《こ》れ道場なり）」（法華経五一四㌻）

と説かれています。すなわち、法華経の行者の修行する所は、どこであっても道場であるとの意味であり、これを基《もと》として墓所について考えるならば、妙法の信者の墓所も、そこが即身成仏の道場であると言えるのです。

世間では、墓相などと言って、墓の向きや形状、造り方等について様々な迷信が横行していますが、本宗の化儀に則《のっと》った墓であれば、そのようなことを気にする必要はありません。

不明な点がある場合は、寺院に相談しましょう。

墓石に刻む題目の染筆・開眼供養

本宗の墓石には、御法主上人、または所属寺院・教会の御住職・御主管が認《したた》められた題目を刻みますから、題目の染筆を必ず所属寺院に願い出ましょう。題目を刻む石の大きさを決め、墓石の大きさに切ったトレーシングペーパー・模造紙等を二、三枚、寺院に持参し、染筆を願い出ます。

寺院より題目の染筆が下付されたら、石材店に依頼して竿石《さおいし》に刻んでもらいます。題目の染筆は使用後、寺院に納めてください。

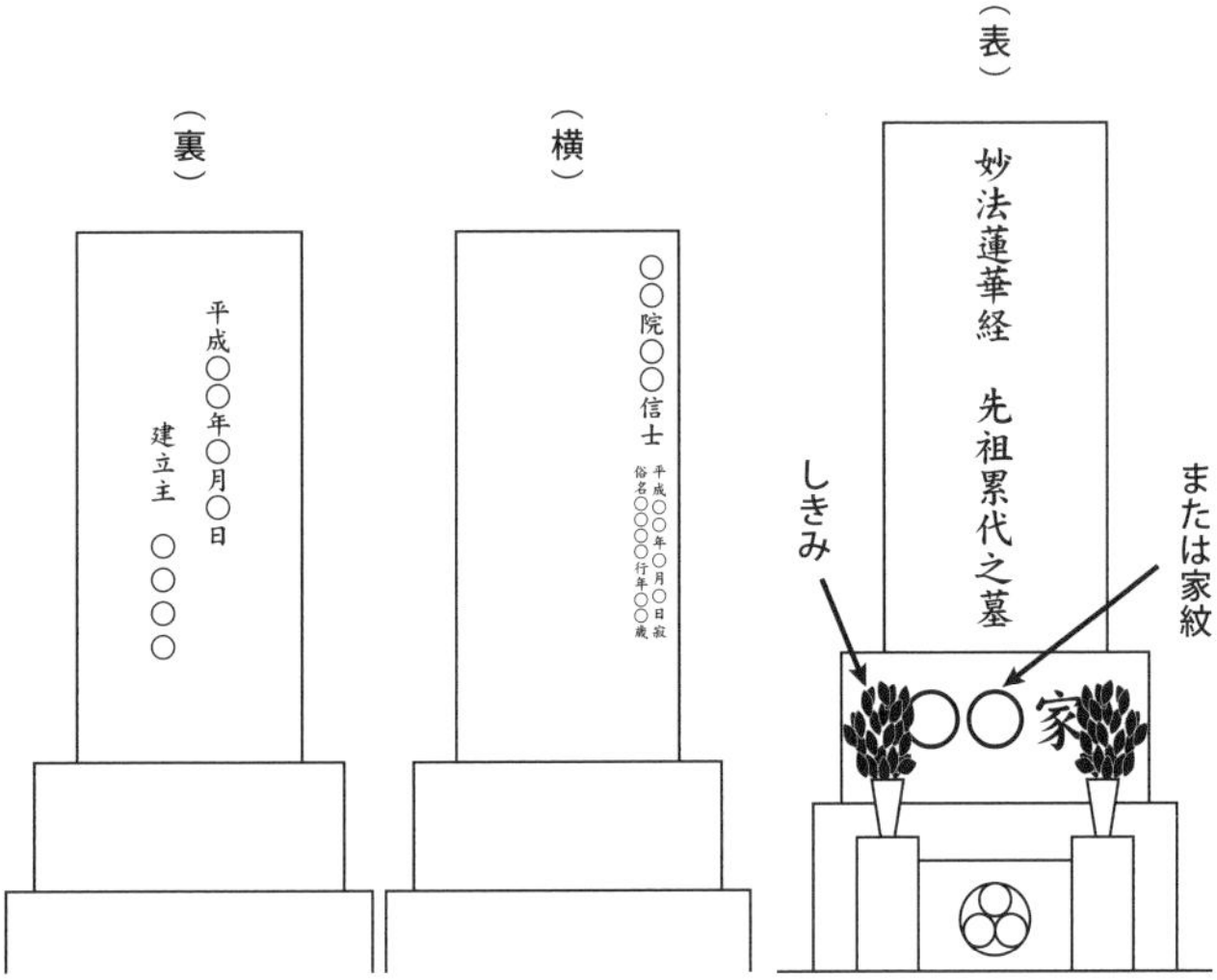

墓石の一例

なお、墓石の題目の上には、家紋や「〇〇家之墓」などの文字を刻んだりしてはいけません。

墓石の完成後に寺院にお願いし、開眼供養を行います。これは埋葬（納骨）と同時に行うこともできます。

墓誌・塔婆立ての設置

墓石のそばに、埋葬されている故人の戒名・俗名・死亡年月日・行年等を記した墓誌（石板）を建てる場合があります。

また墓参の際に塔婆を立てるため、墓石の後方に塔婆立てを設置し、塔婆が風で倒れないようにするのがよいでしょう。

墓参の心得

先祖や故人の精霊に対する追善供養は、御本尊に向かって読経・唱題して得た功徳を、精霊に回向《えこう》することが本義です。したがって墓参の際には、直接墓地に行くのではなく、まず寺院に参詣し、御本尊の御宝前に塔婆を建立して塔婆供養をしたあと、その塔婆を持って墓所《むしょ》に参るように心掛けましょう。

墓参は三師塔から

第九世日有上人は、三師塔（宗祖日蓮大聖人・第二祖日興上人・第三祖日目上人の五輪塔）が建立されている墓地に墓参する際には、師弟相対の意義の上から、まず三師塔へお参りし、そのあとに有縁の墓地へ参るべきであると御指南されています。

墓所における読経・唱題は、方便品・自我偈・題目、または自我偈・題目を唱えます。

墓参における焼香は、読経の前に火のついた線香を全員に配っておき、読経・唱題中、導師、親族、その他の墓参者の順で香炉に供えます。

まとめ

大聖人は『上野殿後家尼御返事』に、

「いかにもいかにも追善供養を心のをよ《及》ぶほどはげみ給ふべし」

（御書三三八ジペー）

と仰せられています。

私達は、三大秘法の御本尊のもとで信心修行に励んだ功徳を故人に回り向かわせることが、故人を成仏の境界に導く正しい追善供養であることを心得て、真心を込めて追善供養に励んでまいりましょう。

終わりに　―信心の原点に立って―

本書では、法華講の源流である熱原法華講衆の信心と師弟相対の大事、また儀式・修行の作法等について学びました。

これらはいずれも、日蓮正宗の信心修行の基本となる重要な事柄です。

総本山第二十六世日寛上人が、

「但吾《ただわ》が富山《ふさん》のみ蓮祖所立《しょりゅう》の門流なり。故に開山已来《いらい》化儀化法、四百余年全く蓮師の如し」（当流行事抄・六巻抄一九三ページ）

と仰せのように、日蓮大聖人の仏法と化儀を現在に正しく伝え、弘めているのは、日蓮正宗をおいてほかにありません。

したがって私達は、本書の内容を熟読玩味《がんみ》して確実に実践し、法華講の同志と共に、有為な広布の人材へと成長することが大切です。

御法主日如上人猊下は〝信心の原点〟について、

「唱題は自行、折伏は化他行、この自行と化他は一体であります。されば唱題に励み、折伏を行ずることが、信心の原点とも言えるのであります」

（大日蓮・平成二二年二月号六〇ページ）

と御指南されています。

すなわち、本門戒壇の大御本尊を信じ奉り、真剣にお題目を唱え、その大歓喜をもって、いまだ日蓮正宗の信心を知らずに苦しんでいる人々を折伏して救っていくという自行化他の実践こそ、私達の信心の原点なのです。

日蓮大聖人は、

「終《つい》には一閻浮提《いちえんぶだい》に広宣流布せん事一定《いちじょう》なるべし」

（御講聞書・御書一八二九ページ）

と御教示されています。

私達は、一人ひとりが信心の原点に立って広宣流布の実現を確信し、異体同心の団結をもっていかなる障害をも敢然と打ち破り、折伏・育成の歩みを力強く進めてまいりましょう。

信心の原点　下

平成二十七年八月二十六日　初版発行
令和五年三月十六日　第六刷発行

編集　日蓮正宗宗務院
発行　株式会社　大日蓮出版

ISBN978-4-905522-42-3